서산대사의 마음으로 본

선가귀감

良志 譯註
輔青 書畵

生 남청

〔拈花微笑〕

선가귀감(禪家龜鑑)

(서산대사의 마음으로 본)

차례

〔入此門來 莫存知解〕

일러두기

① 『禪家龜鑑』 卷1(『한국불교전서』 7, pp.634(625)-646.)을 '저본'으로 함.
　{底}萬曆己卯惟政跋文本(高麗大學校所藏) 1579년
　{甲}萬曆十八年金剛山楡岾寺開刊本(國立圖書館所藏) 1590년
　{乙}萬曆三十三年慶尙道華山圓寂寺開刊本 1604년
　{丙}萬曆三十五年全羅道順天府曹溪山松廣寺開刊本(東國大學校所藏)
　　　1607년. 언해본1610년
　{丁}萬曆四十年妙香山內院庵開板留移普賢寺本(東國大學校所藏)
　　　1612년
　{戊}萬曆戊午順天地松廣寺開刊本(東國大學校所藏) 1618년
　{己}崇禎六年朔寧龍腹寺留板本(國立圖書館所藏 附禪敎釋) 1633년
　{庚}順治六年鷲栖山通度寺重刊本(全南潭陽郡龍華寺所藏) 1649년
　{辛}雍正九年香山普賢寺留刊本(東國大學校所藏) 1731년
　{壬}萬曆癸未普願跋文本(高麗大學校所藏) 1583년
　{癸}續藏經第二編第十七套 第五冊.
② 『禪家龜鑑』 卷1(『卍續藏』 63, pp.37-747.)을 '참고본'으로 함.

1. 원문에 오자(誤字)와 낙서(落書)는 『선가귀감』(『한국불교전서』7. 와 『禪家龜鑑』 卷1 (『만속장』63.에 의거하여 교정함.
2. 원문과 해(解)로 구분하여 번역함.
3. 근거가 있는 것은 대장경과 속장경에서 출처를 각주 처리하였는데 번역을 다하지는 않았다.
4. ※ 표를 하여 간략하게 설명을 추가하였다.
5. ( ) 한자와 한글이 다른 것은 의미로 번역하였기 때문임.

禪家龜鑑1)

序2)

古之學佛者, 非佛之言, 不言, 非佛之行, 不行也. 故所寶者, 惟
貝葉靈文而已. 今之學佛者, 傳而誦則 士大夫之句, 乞而持則, 士
大夫之詩. 至於紅綠色其紙, 美錦粧其軸, 多多不足, 以爲至寶.
吁, 何古今學佛者, 之不同寶也. 余雖不肖, 有志於古之學, 以貝葉
靈文, 爲寶也. 然其文尙繁, 藏海汪洋, 後之同志者, 頗不免摘葉之
勞, 故文中, 撮其要且切者數百語, 書于一紙. 可謂文簡, 而義周
也. 如以此語, 以爲嚴師, 而硏窮得, 妙則句句, 活釋迦存焉. 勉乎
哉. 雖然離文字一句, 格外奇寶, 非不用也. 且將以待別機也. 淸虛
子謹序.

嘉靖 甲子 夏 淸虛堂 白華道人 序

예로부터 불법(佛法)을 익히는 이들은 불법(佛法)에 맞는 말이
아니면 말하지 않았으며, 불법(佛法)에 맞는 행리(行履)가 아니면
행(行)하지 않았다.

그리하여 보주(寶珠)라는 것은 패엽(貝葉)에 기록된 신성한 부처
의 진실한 기록(靈文)뿐이었다.

---

1) 『선가귀감(禪家龜鑑)』(『한국불교전서』7권, pp. 634-646.)
2) 『선가귀감(禪家龜鑑)』(『한국불교전서』7권, 625쪽. 중.)

요즈음(今時)에 불법(佛法)을 익히는 이들이 전하여가며 염송(念誦)하는 것은 사대부의 언구(言句)이고, 청하여 수지(授持)하는 것은 사대부(士大夫)의 시문(詩文)뿐이로다.

그것을 울긋불긋한 색의 화려한 종이에다 쓰고 아름다운 비단으로 장식하여 아무리 많아도 부족(不足)하게 여기고는 보주(寶珠)로 삼고 있다.3)

아! 한탄스럽구나! 어찌하여 예와 지금의 불법(佛法)을 익히는 자들이 보주(寶珠)를 생각하는 것이 이렇게 다르단 말인가?

내가 비록 불초(不肖)하지만 예로부터 불법(佛法)을 익히는 이들이 가졌던 마음이 있어서 패엽(貝葉)의 영문(靈文)을 보주(寶珠)로 삼고 있었다.

그러나 그 영문(靈文)이 오히려 번잡하고 대장경(大藏經)의 법해(法海)는 너무 넓고 방대하여 이후에 이와 같은 뜻을 두고 불법(佛法)을 익히고자 하는 이들이 패엽의 대장경에서 요점만 추려내는 노고(勞苦)도 면하지 못할 것이 걱정되므로 대장경에서 중요하고 간절한 수백(數百)의 말씀을 하나의 종이에 기록하였다.

가히 문장은 간결하나 뜻은 모든 것이 구족되어 있다. 여기에 있는 말씀으로써 엄격한 스승을 삼아서 깊게 궁구하면 구구절절(句句節節) 현묘(玄妙)한 지혜를 사용하게 되므로 살아 있는 석가모니불에게 안부를 묻게 되는 것이다.(存) 부탁하니 노력하고 노력하여야 한다.

---

3) 현대인들이 익히는 것은 외국어이고 춤과 노래와 어려운 말이나 기계, 기술뿐이라는 것을 조선시대의 사회를 통해서 엿볼 수 있다. 그리고 알지도 못하는 그림, 글씨, 조각 등을 보물이나 국보라고 하며 자신의 마니보주라고 알고 있는 현실을 질책하는 것이다.

비록 그렇지만 언어문자인 일구(一句)마저 초월해야 격외(格外)의 기묘(奇妙)한 보주(寶珠)가 되는 것이므로 지혜를 사용하지 않는 것이 없는 것이다.

장차 특별한 지혜를 사용하는 이를 기다리며 이와 같이 기록한다.

가정(嘉靖) 갑자(甲子, 1564) 여름(夏)

청허당(淸虛堂) 백화도인(白華道人)이 삼가 서문을 기록하다.

禪家龜鑑[4)]

(바른 사람으로 올바르게 지혜로운 삶을 살아가게 하는 본보기)

曹溪 退隱[5)] 述

1. 본래무일물(本來無一物)

有一物[6)]於此, 從本以來[7)], 昭昭靈靈, 不曾生, 不曾滅, 名不得, 狀不得.[8)]

---

4) 선가귀감(禪家龜鑑) : 선가(禪家)의 귀감(龜鑑)이 되는 것을 모아서 기록한 것. 즉 인간으로서 올바르게 지혜로운 삶을 살아가는 본보기를 불법(佛法)에 맞게 실천할 수 있는 불법(佛法)의 진수를 모아 둔 것.

5) 퇴은(退隱, 1520~1604) : 서산대사가 선교양종판사를 사임(辭任)한 후에 진여(眞如)와 은거(隱居)하는 자신의 여여(如如)한 모습을 나타낸 호(號).

6) 유일물(有一物) : 무일물(無一物)과 대조되는 말이지만 일물(一物)이 여래(如來)나 진여(眞如)와 같은 말이라고 하면 여래가 있다 없다는 것이 되므로 진여나 여래의 지혜로운 삶이 고정되어 있는 것이 되어, 여래가 없다는 것이 된다. 그러므로 무일물(無一物)은 일물(一物)이 있다는 집착이 없는 무소유(無所有)와 같은 것이 되고 유일물(有一物)은 여래의 지혜로운 삶을 살아 갈수 있는 근원이 있다는 것이 된다.

7) 종본이래(從本以來) : 본래부터.

8) 『六祖大師法寶壇經』卷1(『大正藏』48, 359쪽. 중29.) : 「師告衆曰 : 「吾有一物, 無頭無尾, 無名無字, 無背無面, 諸人還識否?」神會出曰 : 「是諸佛之本源, 神會之佛性.」師曰 : 「向汝道 : 『無名無字』, 汝便喚作本源佛性. 汝向去有把茆蓋頭, 也只成箇知解宗徒.」祖師滅後, 會入京洛, 大弘曹溪頓教.」(육조께서 대중에게 고하여 말씀하시기를, "나에게 일물(一物)이 있는데 머리도 없고 꼬리도 없고, 이름도 없고 형상도 없고, 무엇이라고 결정할 수 없는데 그대들은 알겠는가?" 하셨다. 신회가 나와서 말하기를, "그것은 제불(諸佛)의 근원(根源)이며, 신회(神會)의 불성(佛性) 입니다."라고 하였다. 육조께서 말씀하시기를, "그대에게 말하기를 이름도 없고 형상도 없다고 했는데 그대는 본원이니 불성이라고 조작하여 말하고 있으니 그대가 있다고 하는 것은 띠(茆)를 머리에 덮고 대장 노릇하는 일개의 지해종도가 되겠구나?" 하였다. 육조께서 멸도하시고 나서 신회가 낙양에 가서는 육조 조계의 돈교를

지금 여기에 일물(一物, 진여의 지혜, 부처의 지혜로운 삶을 살아갈 수 있는 근원)이 항상 작용하고 있는데, 이것은 근본적으로는 본래부터 지금까지 분명하게 지금 이곳에 항상 나타나 작용하고 있는(昭昭, 소소) 신령한 것이어서 일찍이 더 늘어나지도 더 없어지지도 않는 불생불멸(不生不滅)이므로, 이름을 붙여서 체득했다고 할 수도 없고, 형상으로 나타내어 얻을 수도 없는 것이어서 일물(一物, 부처의 지혜로운 삶을 살아갈 수 있는 근원, 진여, 불심(佛心) 등등)이라 하였다.

【解解】

　　一物9)者, 何物. ○.10) 古人頌云, 古佛11)未生前,12) 凝然13)一相

　　크게 홍포하였다.)

9) 일물(一物) : 일물(一物)을 원상(圓相)으로 나타낸 것은 법계(法界)일상(一相)을 도상(圖相)으로 나타낸 함축적인 것이다. 의식의 대상경계가 법계와 하나 되는 경지를 나타낸 것으로 여래나 진여와 같은 의미이며 부처의 지혜로운 삶을 살아갈 수 있는 근원.

10) ○ : 원상(圓相)은 법계(法界)일상(一相)을 나타내는데 의식의 대상경계가 법계와 하나 된다는 것은 차별분별이 없는 불법(佛法)의 궁극적인 이치를 언어문자로 나타내려하다 보니 할 수 없이 원상으로 나타낸 것으로 공(空)의 경지를 나타낸 것이고, 부처의 지혜로운 삶을 살아갈 수 있는 근원을 나타낸 것이다.
　　이것의 출처는 혜충국사(慧忠國師)가 97개의 원상을 탐원에게 전해준 것을 앙산(仰山)에게 주었다는 기록이 전법사문(傳法沙門) 지겸집록(志謙集錄), 『종문원상』(한국불교전서 6, 71쪽. 상6.)에 나타나 있다.

11) 고불(古佛) : 자신의 본래면목은 부처라는 언어문자이전부터 분명하여 명백하게 있다는 것으로 나타내기 위한 것이다. 즉 부모미생전의 본래면목과 같은 말이다. 진여의 지혜로운 삶. 본래의 마음작용. 차별분별을 초월한 불심(佛心)의 지혜로운 삶.

12) 『五燈全書(卷34-120)』卷70(『卍續藏』82, 334쪽. 중1.)

13) 응연(凝然) : 분명한 것.

圓.14) 釋迦15)猶未會, 迦葉16)豈能傳. 此一物之所以 不曾生不曾
滅, 名不得, 狀不得也. 六祖17)告衆云, 吾有一物, 無名無字, 諸人
還識否. 神會禪師18) 卽出曰, 諸佛之本源, 神會之佛性.19) 此所以
爲 六祖之孽子也. 懷讓禪師,20) 自嵩山21)來, 六祖問曰, 什麽物,
伊麽來.22) 師罔措, 至八年, 方自肯曰, 說似一物, 卽不中. 此所以,
爲六祖之嫡子也.23)

일물(一物)이란 무엇인가? ○ (일원상)이다.
고인(古人)이 게송으로 말씀하시기를,

---

14) 『萬松老人評唱天童覺和尙頌古從容庵錄』卷5(『大正藏』48, 276쪽. 상11.)
   『銷釋金剛經科儀會要註解』卷3(『卍續藏』24, 679쪽. 중18.)
15) 석가(釋迦): 석가모니(釋迦牟尼)불(佛)을 줄인 것으로 불법(佛法)의 근원을 나타내
   기 위하여 사용한 것이다.
16) 가섭(迦葉): 불법(佛法)을 계승한 첫 번째의 제자로 불법(佛法)이 계승되어 지금까
   지 전승(傳承)하였다는 확신을 심어주기 위하여 기록한 것이다.
17) 육조(六祖, 638-713): 불법(佛法)이 계승되어 달마(達磨)이후에 조사선이 확립되
   는 것을 말하기 위하여 신회와 회양을 비교한 것은 육조단경과 규봉종밀의 『도서』를
   참조한 것으로 보여 진다. 여기에서는 마조 이후의 임제선을 강조하기 위하여
   육조(六祖)를 가탁한 것으로 사료됨.
18) 하택신회(荷澤神會, 686-760)
19) 불성(佛性): 부처의 본성(本性), 진여(眞如), 자성(自性).
20) 남악회양(南嶽懷讓, 677-744)
21) 숭산(嵩山): 중국 오악(五嶽)의 하나인 중악(中嶽)으로 하남성(河南省)의 등봉현(登
   封縣) 북쪽에 있는 산이다.
22) 십마물이마래(什麽物伊麽來): 어느 것이 본래인으로 이렇게 왔는가? 라는 것은
   물(物)을 물건으로 번역하는 경우도 있고 중생이나 어느 것 등을 말하는 데 명상(名
   狀)으로 표현하기 어려워서 물(物)이라고 한 것이다. 굳이 표현한다면 본래인,
   진인 등으로 표현할 수 있으나 지혜작용을 하는 회양의 자기 자신에 대하여 묻는
   것으로 여기에서 묻고 있는 것은 육조께서 회양선사와 선문답하는 것이므로 쉽게
   말하면 교육중의 대화인 것이다.
23) 『景德傳燈錄』卷5(『大正藏』51, 240쪽. 하11.)
   『景德傳燈錄』卷5(『大正藏』51, 245쪽. 상20.)
   『羅湖野錄』卷2(『卍續藏』83, 389쪽. 상6.)
   『列祖提綱錄』卷34(『卍續藏』64, 255쪽. 상22.)

"고불(古佛)이라는 견해가 생기기 전에도 (일물이) 분명한 하나의 원상으로 있었네. *(언어문자를 초월한 모습)

석가께서도 마땅히(猶) (일물을) 대상으로 알지 않았는데, 가섭이 어찌 의식의 대상으로 계승(傳)하였겠는가?

이 일물(一物)을 어찌하여 일찍이 불생불멸(不生不滅, 聖者의 경지)이라 하는가하면 이름을 붙여서 체득했다고 할 수도 없고, 형상으로 나타내어 얻을 수도 없는 것이기 때문이다." 라고 하셨다.

육조혜능(六祖慧能, 638~713)께서 대중에게 고하여 말씀하시기를, "나에게 일물(一物)이 있는데 이름도 없고 형상(字)도 없는데 그대들은 알겠는가?" 하셨다.

신회선사(荷澤神會, 686~760)가 곧바로 나와서 말하기를, "제불(諸佛)의 근원(根源)이며, 신회(神會)의 불성(佛性)입니다." 라고 하였다.

이것으로 인하여 육조혜능의 서자(庶子, 孼子)가 된 것이다.

회양선사(南嶽懷讓, 677~744)가 숭산(嵩山)에서 찾아와 참배(參拜)하니 육조혜능께서 물으시기를, "어느 것(物)이 본래인으로 이렇게 왔는가?" 하셨다.

회양선사는 어쩔 줄을 몰라서 8년간을 시봉하고서야 비로소 스스로 긍정하여 깨닫고는 대답하여 말하기를, "설사 일물(一物)이라 하여도 적중(的中)한 것은 아닙니다." 라고 하였다. 이것으로 인하여 육조혜능의 적자(嫡子)로 계승(繼承)된 것이다.

※ 신회가 육조의 서자(庶子, 孼子)가 되고 회양이 적자(嫡子)가 되는 것은 남종선과 조사선을 구분 짓는 것이 되고 조사선이

우위에 있다고 강조하는 것이 된다. 일물(一物)은 언어문자를
초월한 진여의 지혜나 불성(佛性) 등으로 다양하게 표현할 수는
있으나 자신의 지혜가 되지 않으면 하나의 물건이나 의식의
대상이 되어 주고받을 수 있는 것으로 타락하게 된다.

三敎聖人,24) 從此句出. 誰是擧者, 惜取眉毛.25)

삼교(三敎)의 성자(聖者)가 모두 이 일구(一句)에서 출세(出世)
한 것이다. 누구든지 들어서(擧, 예를 들어 똑같이 하는 것) 깨달으
려고 하면 눈썹을 취하려고 하는 것이 되므로 애석한 것이 되네.

※ 몰종적이 되어야 하는 것을 말함. 눈썹은 최고로 망념이 없는
　무심(無心)의 경지를 말함.

---

24) 삼교성인(三敎聖人) : 삼교를 유교, 도교를 첨가시켜 성인으로 자주 번역하는데
　　유가, 도가귀감을 포함시킨 것을 보고 하는 것 같은데 이것은 성자와 현자를 구분해
　　야한다고 생각된다. 여기에서는 여러 가지로 볼 수 있지만 삼교는 돈교, 점교,
　　부정교는 중국의 남북조시대의 분류이고, 또 북위의 혜광의 설에 의하면 돈교,
　　점교, 원교가 있고, 또 송의 찬영에 의하면 현교, 밀교, 심교(心敎) 등이 있고
　　『도서』의 삼교(三敎)도 있으므로 참고요망.
25) 석취미모(惜取眉毛) : 미모(眉毛)는 눈썹을 말하는 것이므로 '눈썹을 취하려고
　　하면 애석한 것이다.' 라고 번역하면 무난한 것으로 보이나 혹자는 눈썹을 정법안장
　　으로 이해하여 눈썹이 빠지는 것을 애석(惜)하게 여기기도 하므로 여기에서의
　　내용을 보면 일구(一句)에 대한 집착을 경계하는 몰종적을 나타내는 것이므로
　　정법안장으로 보면 '정법안장을 취하려는 것을 애석해 하는 것이다'라고 하는
　　것이 바른 것이라고 본다. 다른 견해도 있겠지만 눈썹은 눈을 감싸고 있는 것이므로
　　무심(無心)의 작용인 진여의 지혜로운 삶을 취하려고 하는 것이 안타깝다는 견해인
　　것이 된다. 그러므로 취하려고 하는 것을 경계하는 것이므로 의심즉차와 같은
　　말이라고 보는 것이 좋을 것이다. 몰종적이 되어야 하는 것.

〔本來無一物〕

2. 출세(出世)하는 법

佛祖26)出世, 無風起浪.

부처와 조사(祖師)가 출세(出世)하는 것은 번뇌망념(煩惱妄念)의 바람만 불지 않으면 지혜로운 삶의 물결은 항상 일어나게 되는 것이다.

※ 본래 부처인데 부처라는 사실을 자각하지 않으면 중생으로 살아가게 되는 것이고, 번뇌망념의 바람이 없으면 진여의 지혜로운 삶이 되어 어느 누구나 불법(佛法)으로 자각하여 삼계(三界)에서 불조(佛祖)로서 출세(出世)할 수 있다는 것을 말하고 있다.

【해解】

佛祖者, 世尊27)迦葉也. 出世者, 大悲爲體, 度衆生28)也. 然以一物, 觀之則人人面目, 本來圓成, 豈假他人, 添脂着粉也. 此出世之

---

26) 불조(佛祖) : 부처와 조사(祖師).
27) 세존(世尊) : 부처의 십호(十號)인 여래(如來), 응공(應供), 정변지(正編知), 명행족(明行足), 선서(善逝), 세간해(世間解), 무상사(無上士), 조어장부(調御丈夫), 천인사(天人師), 불 세존(佛 世尊)의 세존(世尊)을 말함.
28) 중생(衆生) : 망념(妄念)이 반복해서 일어났다 사라지는 것을 생사(生死)라고 하며 중생은 이것이 계속 반복되므로 중생이라고 한다. 선(禪)에서 생사(生死)는 육신의 생사(生死)를 말하는 것이 아니고, 마음의 생사(生死)를 말하는 것임. 선(禪)에서는 마음을 근원으로 돌이키는 것을 수행이라고 하며 중생을 돌이켜 진여의 지혜로운 삶으로 살아가는 것을 여래라고 한다.

所以起波浪也. 虛空藏經29)云, 文字是魔30)業, 名相31)是魔業,32)
至於佛語, 亦是魔業,33) 是此意也. 此直擧本分,34) 佛祖無功能.

　부처와 조사(祖師)는 즉 석가세존과 가섭존자를 말하는 것이다.
　제불이 출세(出世)하는 것은 대자대비를 본체(本體)로 진여(眞
如)의 지혜로운 삶을 살며 번뇌망념의 중생(衆生)을 항상 제도(濟
度)하는 것이다.
　그러나 일물(一物)의 관점에서 보면 사람마다 각각 본래면목이
본래(本來)부터 원만하게 구족(具足)되어 있는데 어찌 타인(他人)
에게 연지 찍고 분발라주어 구제(救濟)할 수 있겠는가?
　이것이 출세(出世)하여 파랑(波浪)을 일으킨 것이라고 하는 것이
다.
　『허공장경』에 말씀하시기를, "언어문자도 마업(魔業)이고, 명상
(名相)도 마업(魔業)이니, 부처의 설법까지도 역시 마업(魔業)이
다."라고 하신 것이 이것을 뜻하는 것이다.

---

29) 허공장경(虛空藏經) : 요진(姚秦) 때에 불타야사(佛陀耶舍)가 번역한 『허공장보살
　　경』 1권을 말함.
30) 마(魔) : 마라(魔羅)라고 하기도하며 마(魔)라고 하는 것으로 마(魔)는 외부에 있는
　　것이 아니라 자신의 정념(正念)을 방해하는 망념(妄念)이 마(魔)이다.
31) 명상(名相) : 언어문자로 된 이름과 그 의식으로 만들어진 의식의 대상경계인 형상
　　을 말함. 현상세계에 나타나 있는 모든 것을 말함.
32) 업(業) : 조작으로 행하는 것을 업이라고 하는 것으로 선악의 차별 분별을 초월해야
　　만이 업에서 해탈을 한다는 것이다. 집착과 애착에서 해탈하는 것을 속박에서
　　벗어나는 것이라고 하고, 업에서 해탈하는 것이라고 한다. 조도(鳥道), 몰종적의
　　삶이 되는 것을 업(業)에서 해탈이라고 함.
33) 『大集大虛空藏菩薩所問經』卷7(『大正藏』13, 642쪽. 상14.) : 「文殊師利菩薩曰,
　　仁者汝等所說, 悉是魔境. 何以故, 施設文字, 皆爲魔業, 乃至佛語, 猶爲魔業.」
34) 본분(本分) : 일대사, 본분사라고 한다. 속박에서 해탈(解脫)이 이루어진 본래
　　여시하게 자각적인 생활을 말함.

이것은 본분사를 바로 직지(直指)하여 들어 확인하여(擧) 보면 부처나 조사라고 하는 언어문자는 아무 소용이 없다는 것을 말하는 것이다(無功能).

乾坤失色, 日月無光.[35]

하늘과 땅에 있는 모든 것을 명색(名色)이라는 의식의 대상경계로 잘못 알지 않으면, 일월(日月)이라는 진여 지혜의 삶은 흔적을 남기는 것이 없어야 하네.

※ 건곤(乾坤, 이 세상 천지(天地)의 모든 것)을 의식의 대상으로 보지 않으니 진여의 지혜로운 삶을 살아도 항상 조도(鳥道)의 삶을 살아가는 것으로 방행(放行)을 나타냄.

---

35) 『圓悟佛果禪師語錄』卷8 (『大正藏』47, 751쪽. 상1.): 「竪起拳云, 還見麼. 諸佛以之出世, 祖師以之西來, 歷代宗師 以之接物利生. 天下老師, 以之鉗鎚衲子, 其把定也. 乾坤失色, 日月無光, 盡大地人, 喪身失命, 其放行也.」

3. 방편설법(方便說法)

然法有多義, 人有多機, 不妨施設.[36]

그러나 법(法)에는 다양한 뜻(의미)이 있고, 사람에게는 많은 기틀이 있으므로, 방편으로 시설(施設)하지 않을 수 없는 것이다.

※ 언어문자로 법을 설하거나 간경(看經), 간화(看話)를 하는 등이 법(法)을 자각하는 언어긍정이 되는 것으로 무명(無明)의 중생에게는 불법(佛法)의 지혜로운 삶을 자각(自覺)하여 살아가게 설법(說法)하는 것.

【해解】

法[37]者, 一物也. 人者, 衆生也. 法有不變隨緣[38]之義, 人有頓悟漸修[39]之機. 故不妨文字語言 之施設也. 此所謂官不容針, 私通車

---

36) 『聯燈會要』卷18(『卍續藏』79, 161쪽. 상7.) :「示衆云, 瀉懸河之辯, 未免葛藤, 設陷虎之機, 翻成窠臼. 縱使談空說有, 擧古論今, 意句交馳 主賓互換, 正是無風起浪. 好肉剜瘡, 建化門中, 不妨施設.」2단 참조.

37) 법(法) : 인(因)과 연(緣)으로 이루어진 것을 법이라고 한다. 법(法)은 의식의 대상경계를 자신이 아는 것을 말하는 것으로 여기에서는 일물(一物)을 말하고 있다. 불법(佛法)이란 부처가 깨달은 법인데 진여의 지혜를 말하는 것이며 부처는 진여의 지혜로 생활하는 사람이다.

38) 불변수연(不變隨緣) : 불변(不變)이란 진여의 지혜를 말하는 것이고 수연(隨緣)이란 인연에 따른 지혜로운 삶을 뜻하는 것으로 공(空)과 불공(不空)의 이치이다.

39) 돈오점수(頓悟漸修) : 돈오(頓悟)라고 하는 것은 중생심을 바로 자각하는 것이고, 점(漸)이라고 하는 것을 『禪家龜鑑』卷1(『卍續藏』63, 740쪽. 상4.)에 의하면 「因悟

26

馬者也. 衆生雖曰圓成, 生無慧目, 甘受輪轉. 故若非出世之金
鎞,40) 誰刮無明,41) 之厚膜也. 至於越苦海而 登樂岸者, 階由大悲
之恩也. 然則恒沙身命, 難報萬一也. 此廣擧新熏,42) 感佛祖深恩.

　법(法)이란 일물(一物)을 말하는 것이고 사람이란 중생을 말하는
것이다.
　법에는 불변(不變)과 수연(隨緣)의 뜻이 있고, 사람에게는 돈오
(頓悟)와 점수(漸修)43)의 지혜로운 삶을 살아가는 근기(根機)가
있다.
　그러므로 언어문자로 설법의 방편을 시설(施設)하지 않을 수
없는 것이다.
　이것이 소위 말하는 '공적(公的)으로는 바늘 끝만큼의 작은 허물
도 허용할 수 없지만, 사적(私的)으로는 마차(馬車)도 통과할 수

斷習, 轉凡成聖者 漸也.」(깨달음으로 인하여 중생심의 습기를 단절시키는 것이
범부를 전환시켜서 성자가 되는 것을 점(漸)이라고 한다.)라고 하고 있듯이 습기를
단절시킨다는 것을 점(漸)이라고 했으며 점수(漸修)라고 하는 것은 습기를 점차로
단절시켜 근원으로 되돌아가는 것을 말하는 것이다. 여기에서 돈오점수(頓悟漸修)
니 돈오돈수(頓悟頓修)라고 하는 것에서 수행(修行)이라는 것은 본성(本性)으로
되돌아가는 것을 말하는 것이므로 돈점의 차이는 자신이 부처와 같다고 자각하여
물러나지 않는 것을 돈(頓)이라고 하면 점(漸)은 돈오(頓悟)하여 습기를 단절시키는
것을 말하는 것으로 27단 참조. 전체를 전지전능하게 아는 절대자가 있다고 말하는
것이 아니고 현자(賢者)를 말하는 것도 아니다. 유일신의 부처가 아니라는 사실을
말하고 있는 것으로 어느 누구든지 부처의 근기(根機)가 있다는 것이다.
40) 금비(金鎞) : 부처의 지혜. 출세하는 지혜.
41) 무명(無明) : 번뇌망념의 중생. 법계(法界)의 도리를 모르는 근본무명(根本無明)으
　로 인하여 추세의 망념이 있게 되는 것을 지말무명(枝末無明)이라 한다.
42) 신훈(新熏) : 의식의 대상경계를 진여와 동등하게 지혜작용을 하여 새롭게 향상일로
　하는 것을 신훈 이라 한다. 구습(舊習)을 반복하지 않는 다는 것이다.
43) 『禪家龜鑑』卷1(『卍續藏』63, 740쪽. 상4.) :「因悟斷習, 轉凡成聖者漸也.」27단 참
　조.

있다.’ 라는 것이다.

중생(衆生)에게 비록 본래부터 일물(一物, 진여, 여래)의 지혜로
운 삶이 원만하게 작용하고 있다고 하지만 번뇌 망념이 생기면
진여(眞如)의 지혜로운 안목(眼目)이 없게 되어 윤회[44]를 달게
받고 있는 것(甘受)이다.

그러므로 만약에 출세(出世)하게 하는 불법(佛法)의 지혜가 아니
면 누가 어떻게 무명(無明)의 두꺼운 업장(業障)의 껍질을 벗겨
주겠는가?

고해(苦海)를 건너 피안(彼岸)에 오른다는 것은 모두가 대비(大
悲)를 베푸신 은혜로 말미암아 이루어진 것을 말하는 것이다.

그러므로 항하사와 같은 중생심의 신명(身命)으로는 그 은혜의
만분의 일도 보답하지 못하는 것이다.

이것이 널리 새롭게 진여(眞如)의 훈습(薰習)을 그대로 나타낸
것으로 부처와 조사(祖師)의 깊은 은혜에 감사(感謝)하는 것이다.

※ 방편으로 시설하는 것으로 언어문자라는 의식의 대상경계마저
　도 초월해야 수행을 하게 되는 것으로 번뇌망념을 가진 중생으로
　는 동념즉괴(動念卽乖)라는 것을 말하는 것이다.

---

44) 윤회(輪廻) : 망념의 생사가 반복되는 것을 윤회라고 한다. 일반적으로 사후(死後)에
　　영혼의 윤회가 있다고 말하고 있으나 선(禪)에서는 금생에서 마음의 윤회로 육도를
　　헤맨다고 하는 것이며 육신의 윤회를 말하는 것은 아니다.『선가귀감』 22단에
　　보면 “如云,‘今旣不如昔, 後當不如今.’ 此無常之體也.(이와 같으므로 말하기를,
　　‘지금의 모습도 벌써(旣) 조금 전의 모습과 같지 않은데, 후일(後日)에는 마땅히
　　지금의 모습과 같지 않은 것이다.’라고 말한 이것은 무상(無常)의 실체(實體)를
　　말한 것이다.)”라고 한 것을 음미하면 된다.

王登寶殿, 野老謳歌.[45)]

심왕(心王)이 자신의 보전(寶殿)에 오르니 육근(野老)이 태평가
를 부르네.

※ 심왕이 자신의 중생을 다스리니 육근이 화평하여 태평가를 부른
   다. 태평성세를 비유하여 자신이 스스로 수행하여 극락세계의
   생활을 지금하기를 바라는 임제스님의 간절한 요청.

〔私通車馬〕

---

45) 『鎭州臨濟慧照禪師語錄』卷1(『大正藏』47, 497쪽. 상28.) :「僧云, 如何是人境俱
   不奪. 師云, 王登寶殿, 野老謳歌.」

4. 동념즉괴(動念卽乖)

强立種種名字, 或心或佛或衆生, 不可守名而生解. 當體便是, 動念卽乖.

부득이하여 할 수 없이 각각의 이름(名字)으로 나타내기를 혹은 마음이라 하고 혹은 부처라고 하기도 하며 혹은 중생이라고 하지만 그 이름을 고수(固守)하며 차별분별을 내서는 안 된다.
  일물(一物) 그 당체(當體)는 바로 여시(如是)한 것이니 번뇌망념 (煩惱妄念)이 살아나면(動) 바로 어긋난다.

【해解】

  一物上, 强立三名字者, 教之不得已也. 不可守名生解者, 亦禪 之不得已也. 一擡一搦, 旋立旋破,[46] 皆法王[47]法令之自在者也.

---

46) 일대일익(一擡一搦) : 한번은 명자를 붙이고 한번은 명자에 대한 집착을 버리라고 하는 것.(搦)
  『禪源諸詮集都序』卷1(『大正藏』48, 399쪽. 하27.):「皆結十方世界, 悉同此說. 今覽 所集 諸家禪述, 多是隨問反質, 旋立旋破. 無其綸緒, 不見始終, 豈得名爲 撮略佛教? (모두가 시방세계와 결합되니 모두 동일하게 되어 이와 같이 설하는 것이다. 지금 제가(諸家)에서 선(禪)을 설명한 것을 살펴보니 많은 것들이 질문에 반대하여 질문 하는 것들이고 마음대로 주장하고 마음대로 논파하여서 계통의 실마리가 없어서 시작과 끝(始終)을 알 수 없으니 어찌 부처님의 가르침을 간략하게 요약(撮略)했다 고 이름 하겠습니까?)
  答 佛出世立教 與師隨處度人, 事體各別. 佛教萬代依馬, 理須委示. 師訓在卽時度脫, 意使玄通.(대답하셨다. '불(佛)이 출세(出世)하셔서 교(敎)를 세워서 교화시키고 조사(祖師)들이 곳곳에서 사람들을 제도하는 도리(事體, 본체와 작용)는 각기 다르 다. 불(佛)의 가르침은 만대(萬代)의 사람들이 의빙(依憑)할 것이라서 진리를 반드

此結上起下, 論佛祖事體各別.[48]

일물(一物)에다 부득이하게 세 가지 이름(名字)을 붙인 것은
불법(佛法)을 가르치기 위한 교법(敎法)의 부득이한 일이었다.
  그 이름을 고수(固守)하며 차별분별을 내지 말라는 것도 역시
불법(佛法)으로 실천하기 위한 선법(禪法)의 부득이한 일이었다.
  한번은 들어내어(擡) 이름을 붙이고 한번은 이름에 대한 집착을
없애라고 하고 방편으로 마음대로 주장하고 마음대로 논파한 것은
모두가 법왕(法王)이 법령(法令)을 자유자재하게 활용하는 것을
말한다.
  이것은 위로는 진여와 결합하는 것이고 아래로는 진여의 지혜로
운 삶을 불러일으키는 것으로 부처와 조사의 지혜로운 삶의 방편이
각각 다르다는 것을 논한 것이다.

久旱逢佳雨, 他鄕見故人.

오랜 동안 불법(佛法)이 없는 가뭄 속에서 진여법(眞如法)을
설(說)하는 단비를 만나니 타향에서 본래인을 친견(親見)하게 되
네.

시 자세하게 나타낸 것이고 조사(祖師)의 가르침(訓)은 즉시(卽時)에 바로 중생을
도탈(度脫)시키는 것으로 뜻은 모두 현지(玄旨)를 통달하게 하는 것이다.)
47) 법왕(法王) : 진여법을 실행하는 본체. 진여의 지혜로 살아가는 본체를 말하는
  것으로 심왕(心王)이나 본래인을 말하는 것. 의식의 대상경계를 초월한 본래인.
48) 『禪源諸詮集都序』卷1(『大正藏』48, 399쪽. 하27.)

〔動念即乖〕

5. 선(禪)과 교(敎)의 차이

世尊三處傳心49)者, 爲禪旨.50) 一代所說者, 爲敎門.51) 故曰,
禪是佛心, 敎是佛語.52)

세존께서 세 곳에서 이 일물(一物)을 이심전심(以心傳心)으로
부촉(付囑)하신 것을 선지(禪旨)라고 하는 것이고, 평생 동안 중생
교화를 위하여 방편으로 설법하신 것을 교문(敎門)이라고 한다.

그러므로 선(禪)은 부처의 마음으로 생활하는 것이고, 교(敎)는
부처의 말씀으로 생활하는 것이다.

【해解】

三處者, 多子塔前,53) 分半座一也. 靈山會上,54) 擧拈花二也.

---

49) 삼처전심(三處傳心) : 석가모니께서 가섭 존자에게 세 곳에서 이심전심(以心傳心)
하신 것.

50) 선지(禪旨) : 불법(佛法)의 궁극적인 진여의 지혜로운 삶.

51) 교문(敎門) : 부처의 말씀을 기록한 것을 교(敎)라 하며 대장경(大藏經)을 교문(敎門)
이라 한다.

52) 선시불심 교시불어(禪是佛心 敎是佛語) : 『禪源諸詮集都序』卷1(『大正藏』48, 400
쪽. 중10.) : 「初言師有本末者, 謂諸宗始祖卽是釋迦. 經是佛語, 禪是佛意, 諸佛心
口, 必不相違. 諸祖相承, 根本是佛. 親付菩薩, 造論始末, 唯弘佛經.」

『廬山蓮宗寶鑑』卷2(『大正藏』47, 315쪽. 하1.) : 「敎是佛眼, 禪是佛心. 心若無眼,
心無所依. 眼若無心, 眼無所見. 心眼和合, 方辨東西. 禪敎和融, 善知通塞. 當知機
有利鈍, 法有開遮.」

『圓覺經類解』卷3(『卍續藏』10, 205쪽. 하15.) : 「禪是佛心, 敎是佛語.」

53) 다자탑전분반좌(多子塔前分半座) : 『汾陽無德禪師語錄』卷1(『大正藏』47, 606쪽.
하2.)

『圓悟佛果禪師語錄』卷7(『大正藏』47, 746쪽. 상2.) : 다자탑은 중인도 비사리(毘舍

雙樹下, 槨示雙趺[55]三也. 所謂迦葉, 別傳禪燈者, 此也. 一代者, 四十九年間, 所說五敎[56]也. 人天敎[57]一也. 小乘敎[58] 二也. 大乘敎[59]三也. 頓敎[60]四也. 圓敎[61]五也. 所謂阿難,[62] 流通敎海者,

---

離)성에 있는데 이 탑에서 부처님께서 설법하실 때에 가섭존자가 뒤늦게 참석하자 부처님께서 앉으셨던 자리를 나누어 두 분이 함께 앉은 것을 말하는 것으로 범성(凡聖)등의 차별 분별하는 중생심을 절단한 것.

54) 영산회상거염화(靈山會上擧拈花) : 『續傳燈錄』卷16(『大正藏』51, 574쪽. 상28.) 『佛果圜悟禪師碧巖錄』卷10(『大正藏』48, 221쪽. 중27.)(이후에 사람들이 세존이 꽃을 드니 가섭이 웃은 것을 공안이라고 불렀다. 이후에 아난이 가섭존자에게 묻기를, "세존께서 법을 전하실 때에 금란가사(金襴袈裟) 말고 따로 무엇을 전하신 것이 있습니까?" "아난아 예! 문 밖에 찰간(刹竿)대를 꺾어 버려라!" 하였다. 단지 꽃을 들기 전과 같고 아난이 묻기 전과 같다.) 영취산(靈鷲山), 영산(靈山)이라고 하는데 부처님께서 이곳에서 설법을 하시다가 꽃을 하나를 들어 불법(佛法)을 진실하게 제시하여 보이시니 대중이 무슨 뜻인지 모르는데 가섭존자만이 이심전심으로 진여의 진실을 깨달았다고 인가한 것을 말한다.

55) 사라쌍수하곽시쌍부(沙羅雙樹下槨示雙趺) : 『大般涅槃經後分』卷2「機感荼毘品」3(『大正藏』12, 909쪽. 중1.) 『大般涅槃經後分』卷2「機感荼毘品」3(『大正藏』12, 909쪽. 하4.) : 부처님께서 구시라(拘尸羅)성 사라쌍수 아래에서 열반에 드시니 부처님의 몸을 금으로 만든 관과 구리로 만든 관에 모셔 두었는데 가섭존자가 슬퍼하여 부처님 관에 예배하니 두발을 관 밖으로 내어 보였다고 함.

56) 『華嚴經探玄記』卷1(『大正藏』35, 115쪽. 하4.) 『天台四敎儀』卷1(『大正藏』46, 774쪽. 하14.) 『原人論』卷1(『大正藏』45, 708쪽. 하12.)

57) 인천교(人天敎) : 오계(불살생, 불투도, 불사음, 불망어, 불음주)를 지키고 十善(불살생, 불투도, 불사음, 불망어, 불기어, 불악구, 불양설, 불탐욕, 불진에, 불우치)를 행하면 천상에 태어나는 복을 받게 된다는 것으로 인천의 스승이 되게 하는 가르침.

58) 소승교(小乘敎) : 승(乘)은 열반의 피안으로 가는 수레라는 뜻이니, 소승은 그 교리나 수행이나 성취하는 도과(道果)가 불법(佛法)과 똑같이 하는 뜻으로 사제(고집멸도)를 관(觀)하여 아라한에 이르고자 하는 성문(聲聞)과 12인연법을 관(觀)하여 벽지불에 이르고자 하는 연각(緣覺)을 말하는 것으로 불법에 맞게 수행하여 행이 불법의 계율과 어긋나지 않게 하는 가르침. 대표적 경전은 『아함경(阿含經)』, 『구사론(俱舍論)』, 『성실론(成實論)』, 『사분승계본(四分僧戒本)』 등으로 아공(我空)법유(法有)를 말하는 것.

59) 대승교(大乘敎) : 소승과는 달리 아공(我空)법공(法空)을 주장하는 것이며 자신의 본성에서 망념을 끊는 것을 가르치는 것으로서 생각으로 계를 범하는 일도 없게 가르치는 것. 경전으로는 『반야경』·『능가경』·『승만경』 등이 있다.

60) 돈교(頓敎) : 자신의 망념을 바로 자각하여 진여의 지혜로 살아가게 하는 가르침.

此也. 然則禪敎之源者, 世尊也. 禪敎之派者, 迦葉阿難也. 以無言, 至於無言者, 禪也. 以有言, 至於無言者, 敎也. 乃至心是禪法也, 語是敎法也. 則法雖一味, 見解則天地懸隔, 此辨禪敎二途.

삼처전심(三處傳心)이란 다자탑 앞에서 자리를 반으로 나누어 앉은 것이 첫 번째의 이심전심(以心傳心)이고,

영산회상에서 꽃을 들어 제시하여 보인 것이 두 번째의 이심전심(以心傳心)이며,

사라쌍수 아래에서 관(棺)으로부터 두발을 내어 보인 것이 세 번째로 이심전심(以心傳心)으로 부촉(付囑)한 것이다.

소위(所謂) 말하는 가섭존자가 선(禪)의 등불(禪燈, 一物)을 특별히 세 곳(三處)에서 이심전심(以心傳心)으로 부촉(付囑)받았다는 것은 이것을 말한다.

특별한 상근대지(上根大智)를 위하여 문자 언어와 사량(思量)을 여의고 수행의 차제를 뛰어넘어 불성(佛性), 진여(眞如)의 지혜로 생활하는 것으로 닦아 가는 차제와 계단을 밟지 않고, 모든 지위(地位)를 바로 자각하고 초월하는 도리를 설하는 가르침. 경전은『유마경(維摩經)』·『원각경(圓覺經)』 등이 있다.

61) 원교(圓敎) : 법계(法界)의 성품바다는 원융(圓融)하고 걸림이 없으므로 서로 들고나는 것이 자유자재하여 만법일여의 경지를 가르치는 것이다. 원만한 이치를 말씀하여, 밝은 것이나 어두운 것이나 거짓이나 참이나, 높은 것 낮은 것 많은 것 적은 것에 대한 차별분별을 초월한 가르침으로 모두가 원융무애(圓融無碍)하여 모든 유정(有情)과 무정(無情)이 본래 다 부처(有情無情本是成佛)라는 것을 자각하게 하는 가르침.

62) 아난(阿難) : 붓다의 10대제자 중의 한명으로 다문제일로서 아난다(阿難陀)라고 한다. 의역(意譯)하면 환희(歡喜), 경희(慶喜), 무염(無染)이라고 한다. 출가 후 20년간 붓다의 제자로서 붓다의 설법을 기억하여 염송하는 것을 아주 잘하여 다문제일(多聞第一)이라고 했다. 붓다의 생전에 깨닫지 못하고는 가섭에 의하여 깨닫게 되어 가섭의 법을 계승하는 계보가 생성된다. 이렇게 하여 아난은 2조(祖)가 되고 가섭은 1조(祖)가 되며 상나화수존자에게 법을 부촉하고 입멸한다.『雜阿含經』44,『中阿含』33,『增一阿含經』4,『佛本行集經』11,『大智度論』3,『摩訶僧祇律』32,『根本說一切有部毘那耶雜事』39, 40.

한평생 설법하신 것은 49년 동안 설법(說法)하신 오교(五敎)를 말하는 것으로 첫째는 인천교(人天敎), 둘째는 소승교(小乘敎), 셋째는 대승교(大乘敎), 넷째는 돈교(頓敎), 다섯째는 원교(圓敎)이다. 소위 말하는 아난존자가 유통하게 했다는 교해(敎海, 경전, 교법)가 이것이다.

그러므로 선(禪)과 교(敎)의 근원(根源은 세존이고, 선(禪)과 교(敎)로 갈라져 나온 계통(系統)은 가섭과 아난에서 시작했다는 말이다.

무언(無言, 언어문자로 나타낼 수 없는 지혜)으로 무언(無言, 진여의 지혜로운 삶)의 경지에 이르게 하는 것은 선(禪)이고, 유언(有言, 언어문자의 표현)으로 무언(無言, 진여의 지혜로운 삶)의 경지에 이르게 하는 것이 교(敎)이다.63)

그러므로 무언(無言, 진여의 지혜로운 삶)의 경지에 이르게 하는 궁극적인 불심(佛心)의 생활을 선법(禪法)이라 하고, 언어문자로 설하신 말씀으로 생활하게 하는 것을 교법(敎法)이라고 한다.

불법(佛法)은 비록 일미(一味)이지만 견해(見解)는 천지(天地)만큼 현격(懸隔)하게 차이가 나는 것이다.

이것이 선(禪)과 교(敎)를 두 갈래로 분명히 판별하게 하는 것이다.

---

63) 『禪門寶藏錄』卷1(『卍續藏』64, 808쪽. 상13.) : 「故曰別傳, 敎也者, 自有言, 至於無言者也. 心也者, 自無言, 至於無言者也. 自無言而至於無言, 則人莫得而名焉. 故強名曰禪, 世人不知其由.」

不得放過, 草裡橫身.[64]

(불법(佛法)을 자각하여) 임운자재(任運自在)하지 못하면 망념 속에서 벗어나지 못하게 되네.

〔佛心〕

64)『佛果圜悟禪師碧巖錄』卷2(『大正藏』48, 156쪽. 상22.) :「也不得放過, 荒草裏橫身.」

6. 교외별전(敎外別傳)

是故若人, 失之於口, 則拈花微笑, 皆是敎迹. 得之於心, 則世間
麤錘(鹿)言細語, 皆是敎外別傳禪旨.

그러므로 만약에 사람들이 언어문자 때문에 심왕(心王)을 잃어
버리면 염화미소(拈花微笑)도 모두 교(敎)의 종적(蹤跡)이 된다.
마음(心王)의 지혜로운 삶이라는 것을 체득하면 세간(世間)의
조악한 말과 부드러운 말이 모두 교외별전(敎外別傳)[65]의 선지(禪
旨)가 된다.

【해解】

法無名故, 言不及也, 法無相故, 心不及也. 擬之於口者, 失本心
王也, 失本心王, 則世尊拈花, 迦葉微笑, 盡落陳言, 終是死物也.
得之於心者, 非但街談, 善說法要, 至於鸎語, 深達實相也. 是故,
寶積禪師, 聞哭聲, 踊悅身心, 寶壽禪師, 見諍拳, 開豁面目者, 以
此也. 此明禪敎深淺.

불법(佛法, 진여법)의 지혜는 명칭으로 표현할 수 없으므로(無
名) 언어문자로는 설명할 수가 없고, 불법(佛法)의 지혜는 의식의

---

65) 『佛果圜悟禪師碧巖錄』卷2(『大正藏』48, 154쪽. 하4.) : 「欲知佛性義, 當觀時節因
緣. 謂之敎外別傳, 單傳心印, 直指人心, 見性成佛.」

대상으로 아는 형상이 없으므로(無相) 망심(妄心)으로 깨닫는 것이
아니다.

언어문자로 헤아려 알려고 하면 근본적으로 심왕(心王)을 잃게
되는 것이다.

그러므로 자신의 심왕(心王)을 잃어버리면 세존이 꽃을 들어
제시하여 가섭존자가 미소를 지어 이심전심(以心傳心)한 것이 모
두 진부(陳腐)한 언어문자가 되어 끝내 쓸모없이 부처를 죽이는
일이 된다.

마음(心王)의 지혜로운 삶이라는 것을 체득하면, 비단(非但)
세간의 잡담도 훌륭한 설법이 되고, 지저귀는 새소리를 들어도
실상(實相)의 깊은 도리를 통달하는 법담(法談)이 된다.

그러므로 반산보적선사(盤山寶積)는 통곡하는 소리를 듣고 깨
달아 신심(身心)이 안락(安樂)했으며, 보수(寶壽)[66]선사(先師)는
거리에서 주먹을 휘두르며 싸우는 것을 보고 본래면목(本來面目)
을 확연(廓然)하게 깨친 것이 이것이다. 이것이 선(禪)과 교(敎)의
깊고 얕은 것을 분명하게 밝힌 것이다.

明珠在掌, 弄去弄來.[67]

분명한 마니보주를 자기의 손안에서 임운자재(任運自在)하게
사용하니 (번뇌망념의 생사가) 오고 가는 것을 자기 마음대로 자유

---

66) 『景德傳燈錄』卷12(『大正藏』51, 294쪽. 하13.) :「鎭州寶壽沼和尙.」
67) 『景德傳燈錄』卷10(『大正藏』51, 277쪽. 상9.) :「上堂示衆云, 如明珠在掌, 胡來胡
　　現, 漢來漢現.」
　『佛果圜悟禪師碧巖錄』卷3(『大正藏』48, 165쪽. 상27.) :「如明鏡當臺, 明珠在掌, 胡
　　來胡現, 漢來漢現.」

자재하네.

〔敎外別傳〕

7. 좌도량(坐道場)

吾有一言, 絶慮忘緣, 兀然68)無事坐69), 春來草自靑.70)

나에게 진여(眞如, 깨달음)의 지혜로운 삶을 살아가는 것에 대한 가르침이 있는데 이것을 말해보면,

근심 걱정하는 모든 망념(妄念)의 대상경계가 다하여 끊어지면 (忘),

이곳이 올연(兀然)히 무사(無事)한 좌도량(坐道場, 불국토)이 되니

봄이 오니 근본의식의 대상경계인 초목들이 절로 푸르다는 것을 알게 되어 이곳이 좌도량(坐道場, 불국토)이 되어 항상 무사(無事)하네.

【해解】

絶慮忘緣者, 得之於心也, 所謂閑道人也.71) 於戱, 其爲人也.

---

68) 올연(兀然) : 우뚝한 모양. 不動의 모양. (兀兀 : 일신으로 노력하는 모습을 형용하는 말)

69) 무사(無事)좌(坐) : 무사(無事)는 망념의 일이 없는 것을 근본적인 진여의 지혜로 생활하는 것을 좌도량이라고 한다.

70) 『景德傳燈錄』卷30「南嶽懶瓚和尙歌」(『大正藏』51, 461쪽. 하1.) : 「吾有一言絶慮亡緣, 巧說不得只用心傳. 更有一語無過眞與, 細如豪末大無方所. 本自圓成不勞機杼, 世事悠悠不如山丘. 靑松蔽日碧澗長流, 山雲當幕夜月爲鉤. 臥藤蘿下塊石枕頭, 不朝天子豈羨王侯. 生死無慮更復何憂, 水月無形我常只寧. 萬法皆爾本自無生, 兀然無事坐春來草自靑.」

71) 한도인(閑道人) : 의식의 대상경계에서 망념이 없이 지혜작용을 하는 사람을 한도인

本來無緣, 本來無事. 飢來卽食, 困來卽眠. 綠水靑山, 任意逍遙.
漁村酒肆, 自在安閑. 年代甲子, 總不知. 春來依舊草自靑. 此別歎
一念廻光者.[72]

　근심 걱정하는 모든 망념의 대상경계가 다하여 끊어진 것(忘)은
마음(心王)의 지혜로운 삶을 체득한 사람으로 소위(所謂) 말하기를
한도인(閑道人)이라고 하는 것이고, 오호라(於戲, 於乎, 嗚呼)!
그 사람을 본래인(진인)이라고 하는 것이다.
　(본래인은) 본래부터 무연(無緣, 의식의 대상경계가 끊어져 망념
이 없는 사람)이고,
　(본래인은) 근본적으로 무사(無事, 망념의 일이 없는 사람)이어
서.
　(본래인은) 배고프면 밥을 먹고,
　(본래인은) 피곤하면 잠을 자네.
　의식의 대상경계가 녹수청산(綠水靑山)과 하나 되어 임운자재
(任運自在)하게 소요하니,
　어촌과 주막이라는 의식의 대상경계를 초월하여 무애자재(無碍

　(閑道人)이라함. 영가현각의 증도가에 의하면, 『景德傳燈錄』卷30「永嘉眞覺大師
證道歌」(『大正藏』51, 460쪽. 상14.) : 「君不見, 絶學無爲閑道人, 不除妄想不求
眞. 無明實性卽佛性, 幻化空身卽法身.」(그대들은 진여의 지혜로 살면서도 한도인
을 친견하지 못하는가? 불법의 가르침을 모두 초월하여 차별분별하지 않고 진여의
지혜로 살아가는 한도인은 망상을 제거하려고 하지도 않고 진여의 지혜를 구하지도
않고 무명의 실성이 바로 불성이라는 것을 자각하며 한화와 같은 육신이 공신이라는
사실을 자각하여 바로 법신으로 살아가네.)
72) 회광반조(廻光返照) : 회광반고(조)(回光返顧(照)), 중생심을 돌이켜 진여인 본래로
되돌아가 진여의 지혜가 작용하는 것. 마음을 밖에서 안으로 되돌아가서 근원으로
되돌아가는 것으로 지혜가 자기 안에서 작용하는 것. 중생심을 돌이켜 본래로
되돌아가는 것. 언어문자에 의지하지 않고 자기의 본래모습을 사유(思惟)함.

自在)하니 안락하여 한가하네.

세월(年代)과 나이(甲子)를 초월하여 모든 것을 대상으로 알지 않으니,

봄이 오면 근본의식의 대상경계인 초목들이 처음부터 절로 푸르다는 것을 알게 되니 이곳이 좌도량(坐道場, 불국토)이 되어 항상 무사(無事)하네.

이것이 특별히 일념(一念)으로 회광반조(回光返照)하는 것을 찬탄하는 것이다.

將謂無人, 賴有一個.

본래인이 없을까 걱정했더니,
다행히 일개성자가 자유자재하네.

※ 본래 무사(無事), 무연(無緣)이라는 것을 자각하여 체득하면
  항상 어디에서나 자유자재하여 좌도량(坐道場)이 되어 자유인
  이 되는 것이고, 자신이 회광반조(回光返照)하면 관세음보살이
  되고 항상 자각하며 살아가면 여래가 되는 것이다.

8. 교법(教法)과 선법(禪法)

教門惟傳一心法,[73] 禪門惟傳見性法.[74]

교문(教門)에는 오직 진여(一心, 眞如)법(法)만 전(傳)하고, 선
문(禪門)에는 오직 견성(見性, 見性成佛)법(法)만 전(傳)한다.

【해解】

心如鏡之體, 性如鏡之光. 性自淸淨卽時, 豁然還得本心. 此秘
重 得意一念.

본심(本心)은 거울의 본체(本體)와 같고, 본성(本性, 佛性)은
거울이 비추는 작용을 하는 것과 같다.
본성(本性)이 처음부터 청정하다는 것을 알게 되는 즉시에 곧바
로 활연(豁然, 의심이 확실히 풀린 것)하게 되어 도리어 본심(本心)
의 경지를 체득하게 되는 것이다.
이것이 일념(一念, 불법(佛法)의 공(空)으로 자각하는 지혜)의
뜻을 체득하여 살아가게 하는 것이라고 소중하게 하는 것이다.

---

73) 『指月錄』卷10(『卍續藏』83, 515쪽. 상16.)
74) 『指月錄』卷4(『卍續藏』83, 445쪽. 중1.)

重重山與水, 清白舊家風.75)

겹겹으로 쌓인 산과 흐르는 물(망념)이 청정하게 맑은 본래의
가풍(家風)이네.(진여의 지혜로운 삶)

※ 생활하는 모든 것(망념의 사바세계)이 본성의 청정한 생활이라는
   것을 깨닫고 보면 모두가 심성(心性)의 지혜로운 삶이라는 것이
   다.

評曰, 心有二種. 一本源心. 二無明取相心也. 性有二種. 一本法
性. 二性相相對性也. 故禪教者, 同迷守名生解, 或以淺爲深, 或以
深爲淺. 遂爲觀行大病,76) 故於此辨之.

평(評)하여 말하기를 본심(本心)에는 두 가지가 있다.
첫째는 본래 근원(本源)인 자성(自性)청정심(淸淨心)이다.
둘째는 무명(無明)으로 형상만을 대상으로 취하는 마음이다.
본성(本性)에도 두 가지가 있다.
첫째는 본법성(本法性, 근본적인 진여의 지혜, 본성)이다.
둘째는 본성(本性)의 작용(性相)을 상대하여 아는 지혜이다.
그러나 선(禪)을 가르친다고 하는 이들이 다 같이 미혹하게도
명상(名相)을 고수(固守)하는 분별심을 내어서는 혹은 얕은 것(淺)
도 깊다고 하기도하고 혹은 깊은 것을 얕다고 한다. 그리하여 마침내

75)『宏智禪師廣錄』卷1(『大正藏』48, 12쪽. 중7.) : 「上堂云. 空劫有眞宗, 聲前問已躬.
   赤窮新活計, 淸白舊家風. 的的三棄外, 寥寥一印中. 却來行異類, 萬派自朝東.」
76)『三家龜鑑』卷下 (『불교전서』7, 619쪽. 중15.)

(遂) 관조(觀照)하며 수행(觀行)[77]하는 것에 큰 병이 되어 이곳에서 분명히 분별(分別)하여 주고자하는 것이다.

〔心性〕

---

77) 관행(觀行) : 觀心之行法. 卽觀心修行, 鑒照自心以明了本性. 或指觀法之行相. 자신의 마음을 관조하여 진여(眞如)의 지혜로 살아가는 법(法).

46

9. 부처와 조사(祖師)

然諸佛說經, 先分別諸法, 後說畢竟空.78) 祖師示句, 迹絶扵意
地,79) 理顯扵心源.

그러므로 제불(諸佛)께서 설(說)하신 경(經)에는 먼저 제법(諸
法, 모든 법)을 분별(分別)하여 설하신 이후에 필경공(畢竟空)을
설(說)하신 것이다.

조사(祖師)께서 제시(提示)하신 일구(一句)는 종적(蹤跡)을 의
지(意地)에서 절단되게 하여 진여(眞如)의 지혜(理)로운 삶을 심원
(心源)에서 현전(現前)하게 하는 것이다.

【해解】

諸佛爲萬代依憑故, 理須委示. 祖師在卽時度脫故, 意使玄通.
迹祖師言迹也, 意學者意地也.80)

---

78) 『頓悟入道要門論』卷1(『卍續藏』63, 23쪽. 히5.) : 「問, 云何是畢竟空. 答, 無空無無
空, 卽名畢竟空.」
필경공은 공 역시 의식의 대상경계에서 공하다(空亦復空)고 주장하는 구극(究極)의
공·절대의 공을 필경공이라 한다.
79) 『禪源諸詮集都序』卷1(『大正藏』48, 400쪽. 상3.) : 「玄通必在忘言, 故言下不留其
迹. 迹絶扵意地, 理現扵心源.」
80) 『禪源諸詮集都序』卷1(『大正藏』48, 400쪽. 상1.) : 「答, 佛出世立敎 與師隨處度人,
事體各別. 佛敎萬代依憑, 理須委示. 師訓在卽時度脫, 意使玄通. 玄通必在忘言,
故言下不留其迹. 迹絶扵意地, 理現扵心源. 卽信解修證, 不爲而自然成就.」

제불(諸佛)은 만대(萬代)의 모든 중생들이 의지하게 하시려고
진여의 지혜(理)을 마땅히 자세히 제시(提示)하신 것이고, 조사(祖師)들은 지금 즉시(卽時)에 제도하여 해탈(解脫)[81]하게 하기 때문
에 의지(意地, 의식)로 현지(玄旨, 현묘한 지혜로운 삶)를 통달하여
작용하게 한 것이다.

종적(蹤跡)은 조사(祖師)께서 제시(提示)하신 일구(一句)라는
흔적을 말하는 것이고, 의학(意學, 禪宗의 학문)이란 의지(意地,
의식)에서 지혜로운 삶을 살아가게 하는 것이다.

胡亂指注, 臂不外曲.[82]

함부로 주석(注釋)하여 나타낸 것 같아도 팔은 밖으로 굽지 않는
것이네.

※ 제불과 조사의 가르침의 차이를 밝힌 것이지만 궁극적으로는
   필경공(畢竟空)으로 살아가게 설한 것이나, 언어문자를 초월한
   진여의 지혜로운 삶을 살아가게 하는 것, 모두가 궁극(窮極)에서
   는 같은 것이므로 팔은 밖으로 굽지 않는다고 설한 것이다.

---

81) 해탈(解脫) : 자신이 망념의 속박에서 벗어난다는 뜻으로 도탈(度脫) 혹은 자유자재
    (自由自在)라고 한다.
82) 『佛果圜悟禪師碧巖錄』卷1(『大正藏』48, 140쪽. 상23.) :「志公云. 此是觀音大士,
    傳佛心印.(胡亂指注, 臂膊不向外曲.)」

10. 조사선의 몰종적(沒蹤跡)

諸佛說弓, 祖師說絃. 佛說無碍之法, 方歸一味.83) 拂此一味之
迹, 方現祖師, 所示一心. 故云, 庭前栢樹子話, 龍藏所未有底.

제불(諸佛)은 활(弓)과 같이 방편(方便)으로 설(說)하시고, 조사
(祖師)들은 활(弓)의 줄과 같이 직지(直指)하게 설(說)하신다.
부처께서 설(說)신 무애자재(無碍自在)한 법(法)은 비로소 일미
(一味)로 돌아가는 것이다.
이 일미(一味)의 종적(蹤跡)마저 없애 버려야 비로소 조사께서
대상으로 제시(提示)한 일심(一心)이 현전(現前)하게 되는 것이다.
그러므로 (달마께서 서쪽에서 온 뜻에 대하여) 말씀하시기를,
'뜰 앞의 잣나무이다.' 라고 한 화두는 용장(龍藏, 대승경전)에도
근본적으로 없다고 하신 것이다.

【해解】

說弓曲也. 說絃直也. 龍藏龍宮之藏經84)也. 僧問趙州,85) 如何

---

83) 일미(一味) : 만법(萬法)이 천차만별(千差萬別)이지만 자신의 법해(法海)에서는
만법일여(萬法一如)가 되는 것처럼, 비유하면 강물이 바다로 가면 모두 같은 짠맛으
로 되는 것과 같으므로 일미라고 한 것.
84) 장경(藏經) : 대장경(大藏經)을 말하고, 용장(龍藏)은 대승경전을 말함.
85) 조주(趙州, 778~897) : 이름은 종심(從諗)이고 속성은 학(郝)씨인데, 산동성(山東
省) 조주부(曹州府)에서 태어났다. 어려서 출가하여 남전(南泉) 보원선사(普願)의
법을 받고, 그 문하에서 이십 년 동안 있다가 조주(趙州)의 관음원(觀音院)에서
수행자를 제접(提接)함. 당나라 소종(昭宗) 건녕(乾寧) 4년 백 이십 세에 입적.

是祖師西來意.86) 州答云, 庭前栢樹子. 此所謂格外禪旨87)也.

활과 같이 설(說)하신다는 것은 구부러졌다는 뜻이다. 활줄같이 설하셨다는 것은 직지(直指)한다는 뜻이다. 용장(龍藏)은 용궁의 대장경이라고 하는 것으로 대승경전을 말하는 것이다.

어느 스님이 조주(趙州, 778~897)스님께 물었다. '달마조사가 서쪽에서 온 뜻은 무엇입니까?'

조주스님이 대답했다. '뜰 앞의 잣나무이다.' 라고 하신 이것을 소위 말하기로 격외(格外, 세간의 규격을 벗어난 것)의 선지(禪旨)라고 하는 것이다.

魚行水濁, 鳥飛毛落.88)

(중생심의) 고기가 놀면 물이 흐려지고,

(현자의) 새가 날면 깃털이 떨어지는 종적(蹤跡)을 남기려고 하네.

※ 성자의 새가 날면 깃털이 떨어지는 흔적도 없네.

---

86) 조사서래의(祖師西來意) : 선(禪)이 전래된 것을 말하는 것으로 선은 종적이 없는 지혜로운 삶이므로 직접 무엇이라고 대답하지 않고 스스로 파악하게 방편으로 비유하여 설하므로 화두라고 한다. 보리달마가 인도로부터 도래하여 전한 것이 일물(一物)이므로 대답을 뜰 앞의 잣나무라고 함.

87) 격외(格外)의 선지(禪旨) : 세간의 망념을 초월한 현지(玄旨). 고정된 세간의 규격을 벗어난 출세(出世)를 말하는 것으로 진여의 지혜로운 삶이다.

88) 『圓悟佛果禪師語錄』卷19(『大正藏』47, 804쪽. 상10.)「魚行水濁, 鳥飛毛落.」
『大慧普覺禪師語錄』卷5(『大正藏』47, 830쪽. 하22.) :「上堂. 丹霞燒木佛, 院主眉鬚落. 鳥飛毛墜, 魚行水濁.」

〔庭前栢樹子〕

11. 공(空)과 불공(不空) (성상性相, 체용體用)

故學者, 先以如實言敎, 委辨不變隨緣[89]二義, 是自心之性相. 頓悟漸修兩門,[90] 是自行之始終. 然後, 放下敎義,[91] 但將自心現前. 一念參詳禪旨, 則必有所得, 所謂出身活路.[92]

그러므로 수행자는 먼저 여실(如實)한 부처의 가르침(言敎)으로 불변(不變)과 수연(隨緣)의 두 가지 뜻이 자기 마음의 성상(性相, 진여와 진여의 지혜로운 삶, 空과 不空)이라고 분명히 깨달아(委辨, 위변) 알아야 한다.

돈오(頓悟)와 점수(漸修)의 두 가지 문은 자기가 진여의 지혜로운 삶을 항상 살아가야 하는 것이라고 분명히 깨닫고(委辨) 스스로 실행해야 하는 것을 말하는 것이다.

그렇게 행(行)한 연후(然後)에는 교의(敎義)를 방하(放下)하면 단지 자기의 불심(佛心)이 현전(現前)하게 된다.

---

89) 이의(二義) : 불변(不變)이란 진여의 지혜를 말하는 것이고 수연(隨緣)이란 인연에 따른 지혜로운 삶을 뜻하는 것으로 공(空)과 불공(不空)의 이치이다.

90) 양문(兩門) : 돈오(頓悟)라고 하는 것은 진여의 지혜로 중생심에서 불심(佛心)으로 전환하는 것이고 점수(漸修)는 돈오(頓悟)의 지혜로운 삶을 사는 것이다. 점수(漸修)는 오랜 염습(染習)을 다스리는 것.

  『景德傳燈錄』卷9(『大正藏』51, 269쪽. 하6.) :「對曰, 沙門釋子, 禮佛轉經, 蓋是住持常法有四報焉. 然依佛戒修身. 參尋知識, 漸修梵行, 履踐如來, 所行之迹. 帝曰, 何爲頓見, 何爲漸修. 對曰, 頓明自性, 與佛同儔, 然有無始染習故, 假漸修對治, 令順性起用, 如人喫飯, 不一口便飽.」

  『景德傳燈錄』卷9(『大正藏』51, 307쪽. 중11.) :「答, 眞理卽悟而頓圓, 妄情息之而漸盡. 頓圓如初生孩子, 一日而肢體已全. 漸修如長養成人, 多年而志氣方立.」

91) 방하교의(放下敎義) : 진여의 지혜로운 삶을 살아간다는 의식까지도 단절하는 것. 몰종적(沒蹤跡)을 말함.

92) 출신활로(出身活路) : 공(空, 진여)으로 불공(不空, 진여의 지혜로운 삶)의 작용이 되는 것. 조도(鳥道)나 몰종적의 지혜로운 삶을 살아가는 것을 말함.

일념(一念)으로 선지(禪旨)를 참상(參祥, 參究)하면 곧 바로 반드시 그것을 체득하게 되는 것이므로 소위(所謂) 말하기를 출신(出身)활로(活路)라고 한다.

【해解】

上根大智, 不在此限. 中下根者, 不可躐等也. 敎義者, 不變隨緣, 頓悟漸修, 有先有後. 禪法者, 一念中, 不變隨緣, 性相體用, 元是一時,93) 離卽離非, 是卽非卽.94) 故宗師95) 據法離言, 直指一念, 見性成佛耳. 放下敎義者, 以此.

상근기(上根幾)의 위대한 지혜(大智)를 가진 이는 이와 같은 제한이 있는 것은 아니지만, 중하근기의 사람들은 이와 같은 가르침을 건너뛰어서는 안 된다.

교의(敎義)에는 불변(不變, 심진여)과 수연(隨緣, 심생멸), 돈오(頓悟)와 점수(漸修)에는 선후(先後)가 있는 것이다.

선법(禪法)에는 일념(一念)에 적중해야 하는 것으로 불변(不變)

---

93) 원시일시(元是—時) : '선법(禪法)에서 일념(一念)에 적중해야 하는 것은 불변(不變)과 수연(隨緣)이 성상(性相)과 체용(體用)으로 작용하는 것이라는 것'은 진여의 본체인 공(空)으로 진여의 작용인 용(用)을 말하는 것이다. 성상(性相), 불변(不變)과 수연(隨緣)은 언어만 다른 뿐 같은 뜻이다.

94) 이즉이비시즉비즉(離卽離非是卽非卽) : 계합과 초월마저도 초월한다는 것은 언어 문자를 긍정한다는 것이다. 시비(是非)를 긍정할 수 있는 것은 자신이 의식의 대상경계를 진여의 지혜로 작용하게 하는 것이다. 즉 경계지성, 일행삼매가 되어야 한다.

95) 종사(宗師) : 종지(宗旨)를 전하는 스승. 진여의 지혜를 실천하는 조사(祖師).

과 수연(隨緣)이 성상(性相)과 체용(體用)으로 작용하는 것이 원래부터 동시에 하는 것이므로, 즉비(卽非, 계합과 초월)를 초월하여야 시비(是非)를 즉석에서 초월하게 된다.

그러므로 종사(宗師)는 진여법(眞如法)에 의거하여 언어문자를 초월하고 일념(一念)으로 직지(直指)하여 견성성불(見性成佛)[96]하는 것이다.

교의(敎義)를 방하(放下)한다는 것이 바로 이와 같이 견성(見性)하여 지혜로운 삶을 살아가는 것이다.

明歷歷時, 雲藏深谷, 深密密處, 日照晴空.

지혜로 사는 것을 명명백백하게 알면,

깊고 깊은 계곡에 백운(白雲, 진여법, 깨달음)을 품고 있는 것을 자각하게 되니,

어디에나 진여의 지혜로 생활하게 되어,

항상 진여의 지혜로 관조하니 모두가 허공(虛空)과 같이 청정하네.

---

96) 견성성불(見性成佛) : 자신의 본성이 진여와 같다는 사실을 친견하여 진여의 지혜로 생활하는 것.

12. 활구(活句)

大抵學者, 須叅活句, 莫叅死句.

　대체로(大抵, 대개) 수행자(修行者)들은 반드시 활구(活句)로 참구(參究)해야 하고, 사구(死句)로 참구(參究)하지 말아야 한다.

【해解】

　活句下薦得,[97] 堪與佛祖爲師. 死句下薦得, 自救不了[98]. 此下特擧活句, 使自悟入.

　활구(活句, 자신의 의지를 자각)에서 깨달아 체득하면 불조(佛祖)와 같이 스승이 되는 것을 감당할 수 있는 것이고, 사구(死句, 조사나 부처를 지식으로 파악하는 것)에서는 깨달아 체득하더라도 자기 자신도 구제(救濟)하지 못하게 된다.

---

97) 천득(薦得) : 확실히 깨달아 체득하여 모두 자기의 것으로 되는 것.

98) 『鎭州臨濟慧照禪師語錄』卷1(『大正藏』47, 502쪽. 상6.) : 「若第三句中得, 自救不了. 問, 如何是西來意. 師云, 若有意, 自救不了. 云, 旣無意, 云何二祖得法. 師云, 得者是不得. 云, 旣若不得, 云何是不得底意. 師云, 爲爾向一切處, 馳求心不能歇. 所以祖師言, 咄哉丈夫, 將頭覓頭. 儞言下便自 回光返照, 更不別求, 知身心與祖佛不別. 當下無事, 方名得法.」

　『圓悟佛果禪師語錄』卷14(『大正藏』47, 778쪽. 중1.) : 「他參活句, 不參死句. 活句下薦得, 永劫不忘. 死句下薦得, 自救不了. 若要與佛祖爲師, 須明取活句, 韶陽出一句, 如利刀剪却.」

　『大慧普覺禪師語錄』卷14(『大正藏』47, 870쪽. 중4.) : 「所以道, 夫參學者, 須參活句, 莫參死句. 活句下薦得, 永劫不忘. 死句下薦得, 自救不了.」

이 단의 아래부터는 특별히 활구(活句)를 정확하게 들어(擧)
스스로 깨달아 체득하게 하고자 한다.

要見臨濟,99) 須是鐵漢.

임제의 가풍을 친견하고자 하면,
반드시 번뇌망념이 없는 무쇠와 같은 사람이어야 하네.

評曰, 話頭,100) 有句意二門, 叅句者, 徑截門101)活句也. 沒心路,
沒語路, 無摸索故也. 叅意者, 圓頓門102)死句也. 有理路, 有語路,
有聞解思想故也.

---

99) 임제의현(臨濟義玄, ?~867)

100) 화두(話頭) : 화두는 공안의 지혜를 말하는 것으로 조사들의 말씀은 공안이고
    공안의 핵심을 화두라고 현대에서 말하고 있지만 『무문관』에서는 무(無)자 하나만
    화두이고 나머지는 공안이라고 말하고 있다.
    선가귀감에서 화두를 몇 가지 제시하지만 조주의 무(無)자를 참구 하도록 하고
    있으며 참구법은 본 책의 내용을 참조. 여기에서 공안에 대하여 알아보면 『中華大藏
    經』第1輯 10集, 『天目中峰和尙廣錄』 권11 上『선림고경총서』제2권 『山房夜話』(장
    경각)p.48에 의하면 공안을 中峰和尙(中峰明本, 1263-1323)은 "공(公)이란 사견
    (私見)이 없는 것이고 안(案)이란 불조(佛祖)의 깨달음과 계합하여 같게 되는 것이다.
    그러므로 공안(公案)을 꿰뚫으면(통달) 정식(情識, 妄心)이 다하는 것이다.(佛祖의
    깨달음과 계합) 정식(情識, 번뇌의 사량분별)이 다하면 망념의 생사(生死)가 다하여
    공(空)이 되는 것이니 생사(生死)가 공(空)이 되는 것을 불도(佛道)로 다스린다고
    하는 것이다.(治)(言公者防其己解, 案者必期與佛祖契同也. 然公案通則情識盡, 情
    識盡則生死空, 生死空則佛道治矣.)라고 했다."

101) 경절문(徑截門) : 선문(禪門)을 말하는 것으로 교문(敎門)의 55위 점차를 거치지
    않고 한 번에 뛰어서 여래의 경지에 바로 들어가는 견성성불(見性成佛). 활구(活
    句)로 하는 참선법(活句參禪法). 돈오(頓悟)하는 문.

102) 원돈문(圓頓門) : 중생의 입장에서 중생심을 없애는 방법이다. 원교(圓敎)와 돈교
    (頓敎)로 교문(敎門)에서 교화하는 것으로 중생심을 제거하는 의식의 대상경계가
    있는 것.

평(評)하여 말하기를, 화두(話頭)에는 참구(參句)와 참의(參意) 두 가지 문이 있는데, 참구(參句)는 경절문(徑截門)으로 활구(活句)인데, 중생심의 작용(心路)이 사라지고, 언어문자로 분별하는 중생심(語路)이 없어서 모색(摸索)할 수가 없는 것이다.

참의(參意)는 원돈문(圓頓門)으로 사구(死句)인데, 가르침을 이론적으로 해석하는 것(理路)이 있고, 언어문자로 분별하는 것(語路)도 있어서, 듣고 이해하여 알고 생각하는 상(想)이 있는 것이다.

※ 화두와 공안, 그리고 돈점에 대하여는 요즈음 현대에서 논란이 되고 있는데 이것이 모두 해결되어 조선시대와 같은 유교, 도교의 고통에서 벗어나고 현대의 고통이 무엇인가를 빨리 파악하여 현자와 성자의 종교가 무엇인지를 분명히 깨달아 살아가시기를 기원합니다.

13. 공안(公案) 참구법

凡本參公案[103]上, 切心做工夫.

如鷄抱卵, 如猫捕鼠, 如飢思食, 如渴思水, 如兒憶母,[104] 必有
透徹之期.

모두(凡, 범부중생)가 본참공안(本參公案)이 되어 가슴에 사무
쳐야 공부가 되는 것이다.

마치 닭이 알을 품듯이 하여야 하며, 고양이가 쥐를 잡을 때와
같이 일념부동(一念不動)으로 하고, 배고픈 사람이 음식 생각하듯
이 하여야 하며, 갈증 나는 사람이 물 생각하듯이 하고, 아기가
어머니 생각하듯이 하면 반드시 투철(透徹)하게 체득할 때를 기약
하게 되는 것이다.

---

103) 본참공안(本參公案) : 공안(公案)을 여시(如是)하게 보되 자기가 조사(祖師)가
   되어 문답(問答)하듯이 진여의 지혜로 참구하는 것. 행주좌와 어묵동정이 여시(如
   是)하여 일행삼매가 되어 물아(物我)와 심식(心識)이 단절되어야 함. 의식의 대상
   경계가 여시(如是)하여야함.
   『續指月錄』卷9(『卍續藏』84, 90쪽. 상19.):「所以參須實參, 悟須實悟. 不可弄虛頭,
   認光影. 不求正悟, 須向遮裏將本參公案. 三百六十骨節, 八萬四千毫竅, 倂作一箇
   疑團, 頓在眉毛眼睫上. 看定通身, 是箇萬法歸一, 一歸何處. 行也如是參, 坐也如
   是參, 靜也如是參, 動也如是參, 參來參去. 通身是箇話頭, 物我俱忘, 心識路絶,
   澄澄甚湛, 寂靜無爲. 驀然疑團子, 爆地一聲.」
104) 『禪關策進』卷1『大正藏』48, 1099쪽. 중1.) 『徹悟禪師語錄』卷1(『卍續藏』62, 333
   쪽. 하10.)

58

【해解】

祖師公案, 有一千七百則.

如狗子無佛性, 庭前栢樹子, 麻三斤,105) 乾屎橛,106)之類也.

鷄之抱卵, 暖氣相續也. 猫之捕鼠, 心眼不動也.

至於飢思食, 渴思水, 兒憶母, 皆出於眞心, 非做作底心, 故云, 切也.

參禪, 無此切心, 能透徹者, 無有是處.

조사(祖師)들의 공안(公案)은 1700칙이나 있다.

즉 개에게 불성(佛性)이 없다(狗子無佛性), 뜰 앞의 잣나무(庭前栢樹子), 삼베 세근(麻三斤), 마른 똥 막대기(乾屎橛) 등과 같은 것이다.

닭이 알을 품는 것은 따뜻한 기운이 상속(相續)된다는 것이다.

고양이가 쥐를 잡는 다는 것은 심안(心眼)이 부동(不動)의 경지가 되는 것이다.

배고플 때에 밥 생각하는 것과 갈증 날 때에 물 생각하는 것, 아이가 어머니 생각하는 것은 모두가 진심(眞心)에서 우러난 것으로 그 근본 마음은 조작(造作)하여 내는 마음이 아니므로 말하기를 간절하다고 하는 것이다.

---

105) 마삼근(麻三斤) : 공안의 하나로 "어떤 것이 부처님입니까?"하는 물음에 대하여, 운문종(雲門宗)의 동산(洞山) 수초선사(守初禪師)가 대답하기를 "마 삼근(삼 서근)이니라" 고 한 공안에서 마삼근이라는 화두로 사용하고 있다.
106) 간시궐(幹屎橛) : 공안의 하나로 "어떤 것이 부처입니까?"하는 물음에 대하여, 운문(雲門) 문언선사(文偃禪師)가 대답하기를 "간시궐(마른 똥막대기)이니라" 고 한 공안인데 간시궐이라는 화두로 사용하고 있다.

참선(參禪)하여 깨닫는다는 것은, 이와 같이 간절하게 가슴에
사무치지 않고 능히 투철(透徹)하게 깨닫는다는 것은 도저히 있을
수 없는 것을 말한다.

14. 참선하여 깨닫는 방법

叅禪須具三要, 一有大信根, 二有大憤志, 三有大疑情.
苟闕其一, 如折足之鼎, 終成廢器.[107]

참선(參禪)에는 반드시 세 가지 요건을 구족하여야 하는데 첫째
는 대신근(大信根, 佛心을 확신하는 근원)이고, 두 번째는 대분지
(大憤志, 분발하여 익히고자 하는 의지)이고, 세 번째는 대의정(大
疑情, 확인 검증하는 것)이 있어야 한다.
  가령(苟) 그것에서 하나라도 잘못되면 세발 달린 솥에서 발이
부러진 것과 같아서 끝내 폐기해야 하는 솥단지와 같게 된다.

---

107) 『高峰原妙禪師語錄』卷1(『卍續藏』70, 687쪽. 중5.), 『高峰原妙禪師禪要』卷1
(『卍續藏』70, 708쪽. 중5.) : 「若謂著實參禪, 決須具足三要. 第一要有大信根,
明知此事, 如靠一座須彌山. 第二要有大憤志, 如遇殺父冤讐, 直欲便與一刀兩
段. 第三要有大疑情, 如暗地(※他)做了一件極事, 正在欲露未露之時. 十二時中,
果能具此三要. 管取剋日成功, 不怕甕中走鱉. 苟闕其一, 譬如折足之鼎, 終成廢
器. 然雖如是, 落在西峰坑子裏, 也不得不救.咄.」(만약에 착실하게 참선하는
것을 설명한다면 결정코 반드시 세 가지 요건을 구족해야 한다. 첫 번째 요건은
대신근이 있어야 하는 것으로 차사(此事)를 분명하게 깨달아 일좌(一座)에 수미
산에 도달하는(靠) 것과 같이 아는 것이고, 두 번째 요건은 대분지가 있어야
하는 것으로 아버지를 죽인 원수(冤讐)를 만난 것처럼 곧바로 한칼로 양단을
내고자하는 마음을 내는 것이고, 세 번째 요건은 대의정이 있어야 하는 것으로
남모르게 지어서 하나의 극사(極事)를 요달하여 정확하게 드러내어 자유자재로
사용해 보이고자 하나 드러내지 못한 때와 같은 것이다. 항상 불과(佛果)에
능히 이 세 가지 요건을 구족하면 틀림없이(管取) 정해진 날에 공(功)을 이루게
되는 것이 항아리 가운데에서 달아나는 자라를 두려워하지 않는 것과 같다.
만약에 그것에서 하나라도 잘못되면 비유하건대 세발 달린 솥의 발이 부러진
것과 같아서 끝내 폐기해야 하는 솥단지와 같이 된다. 그러나 비록 여시하다고
할지라도 서봉(西峰)의 구덩이에 떨어져 있으면 구제하지 못하는 것이다.)

　　佛云, 成佛者, 信爲根本.108) 永嘉109)云, 修道者, 先須立志.110)
蒙山111)云, 叅禪者, 不疑言句, 是爲大病.112) 又云, 大疑之下, 必
有大悟.113)

---

108) 『大方廣佛華嚴經』6「賢首菩薩品」8(『大正藏』9, 433쪽. 상22.):「深心淨信不可
　　 壞, 恭敬供養一切佛, 尊重正法及聖僧, 信敬三寶故發心. 深信諸佛及正法, 亦信
　　 菩薩所行道, 正心信向佛菩提, 菩薩因是初發心. 信爲道元功德母.」(깊게 불심을
　　 청정하게 확신하면 파괴되지 않으니, 일체 제불을 공경하여 공양하는 것이네.
　　 정법과 성승(문수)을 아주 존중하니, 삼보를 신심으로 공경하는 것이 발심이네.
　　 제불과 정법을 깊게 확신하니, 역시 보살이 행도하는 것을 확신하네. 바른 마음으
　　 로 불 보리를 향하여 확신하는 것이, 보살이 인행하는 초발심이네. 신심은 도의
　　 근본이며 공덕의 근원인 어머니이네.)
　　 『華嚴經探玄記』4「賢首菩薩品」8(『大正藏』35, 188쪽. 하17.)「十地等者, 以信爲道
　　 元功德母, 諸位行相皆信而成」
　　 『楞嚴經講錄(首楞嚴經講錄卷)』卷8(『卍續藏』15, 103쪽. 중24.):「信心者, 謂篤信
　　 自心是佛, 更不他求. 故成佛以信爲根本也.」(신심(信心)이란 자기의 불심(佛心)
　　 이 부처라고 정확하게 확신하는 것을 설명하는 것이므로 다시 타인에게서 구하는
　　 것은 아니다. 그러므로 부처는 확신(信)을 근본으로 하는 것이다.)
　　 『天如惟則禪師語錄』卷3(『卍續藏』70, 783쪽. 상2.):「信爲根本, 一切佛法 由此發
　　 生. 信爲門戶, 一切聖賢由此趣入.」(신을 근본으로 하므로 일체불법은 이것에서
　　 발생한다. 확신을 문호로 하므로 일체성현은 이것으로 말미암아 깨달아 체득하신
　　 것이다.)
109) 영가(永嘉, 665–713)
110) 『禪宗永嘉集』卷1(『大正藏』48, 387쪽. 하21.):「夫欲修道,先須立志.」
　　 『景德傳燈錄』卷5(『大正藏』51, 241쪽. 중17.):「夫欲修道, 先須立志.」
　　 『佛祖綱目』卷34(『卍續藏』85, 685쪽. 하15.):「此事必先須立志. 釋迦老子在因地
　　 時, 發一言一念, 皆是立志.」(차사는 먼저 반드시 입지를 필요로 하는 것이다.
　　 석가노자가 인행의 지위(地位)에 있을 때에 한 말씀 한 생각을 하는 것이 모두
　　 입지에서 한 것이다.)
111) 몽산(蒙山) : 생몰연대미상. 이름은 덕이(德異) 강서성(江西省) 여릉도(廬陵道)
　　 시양 고안현(時陽高安縣)에서 태어났다. 고산(鼓山)의 완산(皖山) 정응선사(正凝
　　 禪師)의 법을 계승.
112) 『大慧普覺禪師語錄』卷17(『大正藏』47, 883쪽. 상21.):「可惜爾死了不能活, 不
　　 疑句, 是爲大病.」(애석하게도 그대는 죽이는 것만 알고 살리지 못하면서 언구
　　 에 의심을 내지 않는 것이 큰 병이다.)
113) 『大慧普覺禪師語錄』卷17(『大正藏』47, 886쪽. 상27.):「今時學道者 多不自疑,

부처님께서 말씀하시기를, '성불(成佛)은 확신(確信)이 근본이
된다.' 라고 하셨다.　　영가께서 말씀하시기를, '수도자는 먼저 반드
시 뜻을 세워야 한다.' 라고 하셨다.　　몽산께서 말씀하시기를, '참선
하는 이가 언구(言句)를 의심하지 않는 것이 큰 병이다.' 라고
하셨다.　　또 말씀하시기를, '대의정(大疑情) 하에서 반드시 대오(大
悟)가 있다.' 라고 하셨다.

〔確信〕

　　却疑他人. 所以道, 大疑之下必有大悟.」(지금 수행자들의 다수는 자신을 의심하
지 않고 도리어 타인을 의심한다. 그러면서도 대의정에서 반드시 대오가 있는
것이라고 말한다.)
※『禪關策進』卷1(『大正藏』48, 1100쪽. 중2.) :「参禪須是起疑情, 小疑小悟, 大疑
大悟.」(참선은 반드시 의정을 일으켜야 하는데 소의에는 소오(小悟)이고 대의에
는 대오(大悟)이다.)

15. 간화선(看話禪)에서
무자화두(無字話頭) 참구법

日用應緣處, 只擧狗子 無佛性話, 擧來擧去, 疑來疑去. 覺得沒
理路, 沒義路, 沒滋味, 心頭熱悶時, 便是當人, 放身命處. 亦是成
佛 作祖底基本也.[114]

일상생활 속에 대상경계를 받아들이는 곳에서 단지 개에게 불성
(佛性)이 없다는 화두(話)를 들고(擧) 오나가나 계속 의심하고 의심
하여야 한다.

(그리하여) 이론적인 도리가 다하고 논리적인 도리가 다하여
없어지고 아무 자미(滋味)도 없다는 것을 깨달아서 마음이 답답하
여 깨달아야지 하며 번민하고 있다는 것을 (자신이) 체득할 그
때가 바로 그 사람(본래인)이므로 (중생심의) 신명(身命)을 놓게
되는 것이다.

역시 이것이 부처가 되고 조사가 되는 가장 기본(基本)이다.

【해解】

僧問趙州. 狗子還有佛性也無. 州云. 無. 此一字子, 宗門之一
關[115], 亦是摧許多 惡知惡覺底器仗[116], 亦是諸佛面目, 亦是諸祖

---

114) 『大慧普覺禪師語錄』卷28(『大正藏』47, 933쪽. 하1.)
115) 종문지일관(宗門之一關) : 『廬山蓮宗寶鑑』卷4(『大正藏』47, 325쪽. 상29.) : 「世稱宗
門之標準.」

骨髓也. 須透得此關然後, 佛祖可期也.

어느 스님이 조주선사에게 물었다. '개에게 불성(佛性)이 있습니까, 없습니까?' 조주선사께서 대답했다. '무(無)!'
이 무(無)자(字) 한 자(字)가 종문(宗門)의 한 관문(關門)이며, 역시 모든 악지악각(惡知惡覺)을 부러뜨리는 근원적인 도구이며 주장자이고, 또한 모든 부처의 본래면목이며, 모든 조사의 골수이다.
이 관문을 투철하게 체득하여 통과한 후에 부처나 조사가 되는 올바른 기약이 있는 것이다.

古人頌云, 趙州露刃劍, 寒霜光燄燄. 擬議問如何, 分身作兩段.

고인(古人)이 게송으로 말씀하시기를,
조주께서 살인도(刃劍)를 베푸시니
※ 망념을 없애는 도구를 살인도라 하고, 지혜를 살려내는 것을 활인검이라 함.

서릿발처럼 지혜의 불꽃이 번쩍이네.
※ 망념이 하나도 없는 경지이므로 서릿발과 불꽃의 섬광을 사용함.

『續傳燈錄』卷10(『大正藏』51, 527쪽. 중4.) :「凡若此者, 皆合宗門之妙旨. 得教外之眞機.」
종문(宗門)은 선종(禪宗)의 문(門)을 말하는 것으로 진여의 지혜로운 삶을 살아가게 하는 관문(關門)이다. 견성성불(見性成佛)이 종문의 관문이므로 조사관(祖師關)이라 한다.
116) 『大慧普覺禪師語錄』卷26(『大正藏』47, 921쪽. 하7.)

무엇이냐고 물으려고 하면

중생교화를 위한 분신(分身, 化身)은 두 쪽으로 갈라지네.

※ 무자화두의 강력한 위력은 망념을 절단하나, 의심즉차(擬心卽差)를 하면 중생을 교화하는 분신(分身)은 자신도 구제하지 못하게 되는 것.

〔狗子無佛性〕

16. 참선하는데 열 가지 병

話頭, 不得擧起處承當, 不得思量卜度, 又不得將迷待悟, 就不可思量處思量, 心無所之, 如老鼠入牛角,[117] 便見倒斷也. 又尋常計較安排,[118] 底是識情,[119] 隨生死遷流, 底是識情, 怕怖憛惶 底是識情. 今人不知是病, 只管[120]在裏許, 頭出頭沒.[121]

화두(話頭)는 들어(擧) 일어나는 곳에서 승당(承當)하려고 하지도 말고,

사량분별(思量分別) 하려고도 하지 말고,

또한 미혹한 중생심의 마음으로 깨달음을 기다리지도 말아야

---

117) 노서입우각(老鼠入牛角) : 마음의 궁극적인 경지를 설명하는 것. 소의 뿔로 쥐를 잡는 것으로 쥐가 먹을 것을 구하여 뿔 속으로 들어가서 돌아 나오지 못하는 것처럼 의식의 대상경계를 절단하는 것.
118) 계교(計較)안배(安排) : 사량 분별, 헤아림.
119) 식정(識情) : 식심(識心)이나 망념(妄念)과 같은 의미로 차별 분별을 일으키면 모두 중생심이다.
120) 지관(只管) : 단지, 오직.
121) 『大慧語錄』28, (大正藏 47, p.930. 상.)「千疑萬疑 只是一疑 話頭上疑破 則千疑萬疑一時破 話頭不破 則且就上面 與之厮崖 若棄了話頭 却去別文字上起疑 經敎上起疑 古人公案上起疑 日用塵勞中起疑 皆是邪魔眷屬 第一不得向擧起處承當 又不得思量卜度 但著意就不可思量處思量 心無所之 老鼠入牛角便見倒斷也」(마음에 일어나는 온갖 疑心을 단지 이 하나의 의심에 집중하여 화두상에서 의심을 타파하면 바로 온갖 의심이 일시에 없어지게 된다. 화두가 타파되기 이전에는 어디까지나 오로지 화두와 대결해야 된다. 만약 화두를 참구하여 요달하는 것을 포기하고 도리어 다른 문자 상에서 의심을 일으키거나, 경교(經敎)에서 의심을 일으키거나, 고인(古人)의 공안을 의심하거나, 일용에서 의심을 일으키거나 한다면 모두가 악마의 권속이다. 첫째로 화두는 들어(擧) 일어나는 곳에서 승당(承當)하려고 하지도 말고, 또한 함부로 사량 분별 하려고도 하지 말고, 더 사량분별할 수 없는 곳에까지 나아가서 사량하여 마음이 대상으로 분별하는 것이 없으면 마치 늙은 쥐가 쇠뿔 속으로 들어간 것과 같게 되어 바로 전도된 망념이 단절되는 것을 보게 되는 것이다.)

하고,

더 사량 분별할 수 없는 곳에까지 나아가서 사량하여 마음을 대상으로 분별하는 것이 없으면 마치 늙은 쥐가 쇠뿔 속으로 들어간 것과 같게 되어 바로 전도(顚倒)된 망념이 단절되는 것을 보게 되는 것이다.

또 평소에 분별(計較, 계교)과 여러 가지 생각하는 것(安排 안배)이 모두다 중생심(識情 식정)이며, 생사(生死)에 따라 천류(遷流, 水流, 변화하는 것)하는 것은 근본적으로 망념(識情 식정)이며, 추측으로 무서워하고 바빠서 허둥대는 것도 식정(識情)이다.

요즘 사람들은 이것이 병이라는 사실을 알지 못하고, 단지 이 속에서 출몰(出沒)하고 있을 뿐이다.

【해解】

話頭有十種病, 曰, 意根下卜度. 曰, 揚眉瞬目處挑根[122]. 曰, 語路上作活計. 曰, 文字中引證. 曰, 擧起處承當. 曰, 颺在無事匣裏. 曰, 作有無會. 曰, 作眞無會. 曰, 作道理會. 曰將迷待悟也. 離此十種病者, 但擧話時, 略抖擻精神, 只疑是箇甚麽.[123]

---

122) 양미순목처타근(揚眉瞬目處挑根) : 눈썹을 깜박거리고 눈동자를 움직이는 것에 의식을 두는 것(挑根)이 곧 마음이며 불성(佛性)이라고 하여 그것으로써 깨쳤다고 생각하는 어리석은 병통을 말한다. 무자(無字)화두를 들 때 생기는 십 종병은 진여의 지혜가 아닌 중생심으로 수행하면 도달하지 못하는 것을 경계하는 것이다.

123) 『大慧普覺禪師語錄』卷26(『大正藏』47, 921쪽. 하7.) : 「僧問趙州. 狗子還有佛性也無. 州云. 無. 此一字子, 乃是摧午多惡知惡覺底器仗也. 不得作有無會, 不得作道理會, 不得向意根下思量卜度, 不得向揚眉瞬目處挑根, 不得向語路上作活計, 不得颺在無事甲裏, 不得向擧起處承當, 不得向文字中引證, 但向十二時中四威

화두를 참구하는 데에 열 가지 병이 있으니,

말씀하시기를 의근(意根) 하에서 사량분별하는 것이고,

눈썹을 깜박거리고 눈동자를 움직이는 것에 의식을 두는 것(瞠根, 타근)이고,

화두라는 언어문자에서 알음알이를 내는 것이고,

언어문자를 인용하여 증명하려는 것이고,

화두를 들어 확인하는(擧) 그곳에서 승당(承當)하려고 하는 것이

儀內, 時時提撕, 時時擧覺, 狗子還有佛性也無. 云. 無. 不離日用, 試如此做工夫看, 月十日便自見得也. 一郡千里之事, 都不相妨.」(어느 스님이 조주선사에게 물었다. '개에게 불성이 있습니까? 없습니까?' 조주선사께서 대답했다. '무(無)!' 이 한 자(字)가 이에 허다한 온갖 중생심으로 아는 것과 깨달은 것(惡知惡覺)을 부러뜨리는(摧) 근원적인 도구이며 주장자이다. (이 무(無)를 체득하려면) 유무(有無)의 차별로 알려고 조작해서는 안 되고, 도리로서 무(無)를 알려고 조작해서도 안 되고, 의식으로 사량 분별하여 체득하려고 하지 말고, 눈썹을 깜박거리고 눈동자를 움직이는 것에 의식(瞠根)을 두지도 말고, 화두라는 언어문자에서 알음알이를 내지도 말고, 무사(無事)한 속에서 (화두를 들어 망념이)일어나게 하지도 말고, (화두를) 들어(擧) 일어나는 곳에서 승당(承當)하려고 하는 것이며, 언어문자를 인용하여 증명하려고 하여도 안 되고, (마음을 가지고 깨달음을 기다려서도 안 되고, 유무(有無)를 초월한 진무(眞無)라고 조작하여도 안 되는 것이다. 단지 항상 불법(佛法)에 합당한 사위의(四威儀)내에서 때에 맞게(時時) 무(無)자(字) 화두를 들어 일깨우고(提撕) 때에 맞추어 무(無)자(字)화두를 들어 자각하여야 한다. (어느 스님이 조주선사에게 물었다.) '개에게 불성이 있습니까? 없습니까?' 조주선사께서 대답했다. '무(無)!'라는 화두를 일상생활 가운데에(日用) 놓치지 말고 이와 같이 점검하고(試) 공부하여 지켜 나아가면 월 십일이면 바로 자기 스스로 친견하고 체득하게 되는 것이다. 일군(一郡)의 천리(千里)속의 일대사를 자각하여 출세하는 것이므로 아무것도 서로 방해하는 것이 없게 되는 것이다.)

※『無門關』卷1(『大正藏』48, 293쪽. 상3.) :「通身起箇疑團, 參箇無字, 晝夜提撕, 莫作虛無會, 莫作有無會, 如吞了箇熱鐵丸, 相似吐又吐不出, 蕩盡從前惡知惡覺, 久久純熟, 自然內外打成一片….」(온몸(通身)이 일개의 의단이 되어 이 무자를 참구하되 주야로 제시하는데 허무의 무(無)로 알지 말아야 하고, 유무(有無)로 알지 말아야 하는 것이 뜨거운 철환(鐵丸)을 삼켜서 토하려고 해도 또한 토하여 내뱉을 수 없는 것과 같이하여 종전의 악지악각을 모두 탕진하고는 변하지 않고 (久久) 순수하게 익히면 자연히 내외(內外)라는 의식의 대상경계가 사라지는 경지(打成一片)가 되는 것이다.….)

며,

　무사(無事)한 속에서 (화두를 들어 망념이) 일어나게 하는 것이며,

　유무(有無)로 조작하는 것이며,

　유무(有無)를 초월한 진무(眞無)라고 조작하는 것이고,

　화두를 도리로서 깨달으려고 조작하는 것이고,

　미혹한 마음을 가지고 깨달음을 기다리는 것들이다.

　이 열 가지 병을 초월하는 것은 단지 화두를 들 때에 정신을 차려 번뇌를 떨쳐버리고 앞에 말한 것이 단지 무엇인가를 의심해야 하는 것이다.

17. 중생심을 죽이는 법

此事, 如蚊子上鐵牛, 便不問 如何若何, 下嘴不得處, 棄命一攢,
和身透入.[124]

차사(此事, 본분사)를 깨달아 진여의 지혜로운 생활을 하려고
하면,

마치 모기가 철우(鐵牛) 위에 앉은 것처럼 만법에 차별분별이
없이,

바로 이것저것을 따져서 묻지 않고,

---

124) 『조당집』16,「위산장」:「雲喦却問 '百丈大人相如何' 師云 '魏魏堂堂 煒爀皇煌
聲前非聲 色後非色 蚊子上鐵牛 無你下嘴處'」운암(雲岩, 780-841)이 도리어
물었다. '백장(百丈, 749-814)의 대인상(大人相 : 위대한 부처의 모습)은 어떻습
니까?' 위산화상(771-853)께서 대답했다. '부처님의 모습은 위위(魏魏)하고
당당(堂堂)하고 위위(煒爀)하고 황황(皇煌)하여 소리 이전에 있으되 소리가 아니
고 색(色)뒤에 있으되 색(色)이 아니다. 마치 모기(문자 : 蚊子)가 철우(鐵牛:
무쇠 소)위에 오르는 것과 같아서 그대가 입을 댈 곳이 없느니라.'」
『景德傳燈錄』卷9(『大正藏』51, 265쪽. 중19.)「師云, 涅槃後有如何. 雲巖云, 水
灑不著. 雲巖却問師, 百丈大人相如何. 師云, 魏巍堂堂煒爀皇煌, 聲前非聲, 色後
非色, 蚊子上鐵牛, 無女下嘴處. 師過淨瓶與仰山. 仰山擬接, 師却縮手云, 是什麼.
仰山云, 和尚還見箇什麼. 師云, 若恁麼何用更覓吾覓.」
『高峰原妙禪師禪要』卷1(『卍續藏』70, 708쪽. 상17.)「若論此事, 如蚊子上鐵牛相
似. 更不問如何若何, 便向下嘴不得處, 拼命一鑽, 和身透入, 正恁麼時, 如處百
千萬億香水海中, 取之無盡, 用之無竭. 設使志不堅心不一, 悠悠漾漾, 東飛西飛,
饒你飛到非想非非想天, 依舊只是箇餓蚊子.」(만약에 차사(此事)를 논한다면 마
치 모기가 철우(鐵牛)에 앉은 것처럼 만법에 차별분별이 없어야 하니, 다시 이것저
것을 따져서 묻지 말고, 주둥이를 대어 도달하지 못할 곳에서 (중생심의) 목숨을
버리고 일대사를 뚫게 되면 법신(法身)이 되어 투철하게 체득하게 되는 것이다.
정히 이러한 때에 백 천 만억 향수해 중에 처(處)함과 같아서 취하여도 다함이
없고 사용해도 마르지 않는 것이다. 만약에 의지가 견고하지 못하고 마음이
한결같지 않으면 유유(悠悠)하여 양양(漾漾)하게 되어 동으로 날고 서로 날아서
여유롭게 그대가 비상비비상천에 도달한다고 해도 본래(舊)를 의지한 것으로
단지 배고픈 한 마리의 모기에 불과하다.)

주둥이를 대어 도달하지 못할 곳에서,

(사량분별하는 중생심의) 목숨을 포기하고 차사(此事)에 집중하게 되면,

법신(法身)이 되어 투철하게 체득하게 되는 것이다.

【해解】

重結上意, 使叅活句者, 不得退屈.
古云, 叅禪, 須透祖師關, 妙悟, 要窮心路絶.[125]

앞에 말한 뜻을 거듭하여 결론을 내어 활구(活句)로 참구(參究)하게 하고자하는 것은 퇴굴(退屈)하지 못하게 하려는 것이다.

고인(古人)이 말씀하시기를,

'참선(參禪)은 반드시 조사선(祖師禪)의 현관(玄關)을 투과(透過)해야 하고, 현묘(玄妙)한 깨달음의 삶은 궁극적으로 중생심으로 차별분별하는 의식을 단절해야 한다.'고 하셨다.

---

125) 『無門關』卷1(『大正藏』48, 292쪽. 하25.) : 「無門曰, 參禪須透祖師關, 妙悟要窮心路不絶, 祖關不透, 心路不絶, 盡是依草附木精靈. 且道, 如何是祖師關, 只者一箇無字, 乃宗門一關也. 遂目之曰 禪宗無門關, 透得過者, 非但親見趙州, 便可與歷代祖師, 把手共行, 眉毛廝結, 同一眼見, 同一耳聞, 豈不慶快. 莫有要透關底麼. 將三百六十骨節, 八萬四千毫竅, 通身起箇疑團, 參箇無字, 晝夜提撕. 莫作虛無會, 莫作有無會, 如吞了箇熱鐵丸相似, 吐又吐不出, 蕩盡從前惡知惡覺, 久久純熟, 自然內外打成一片, 如啞子得夢, 只許自知. 驀然打發, 驚天動地, 如奪得關將軍大刀入手, 逢佛殺佛, 逢祖殺祖, 於生死岸頭, 得大自在, 向六道四生中 遊戲三昧. 且作麼生提撕, 盡平生氣力, 擧箇無字. 若不間斷, 好似法燭 一點便著.」(…참선을 하는 것은 조사선(祖師禪)의 현관(玄關)을 반드시 뛰어넘어 들어가야 하고, 현묘한 깨달음의 삶은 궁극적으로 중생심의 일이 단절되어야 한다. ~~~)

〔活句〕

18. 참선수행 공부법

工夫如調絃之法,   緊緩得其中.[126]   勤則近執着,   忘則落無
明.[127] 惺惺歷歷 密密綿綿.

---

126) 여조현지법(如調絃之法) : 『中阿含經』卷29「大品」1(『大正藏』1, 612쪽. 상19.)
    『雜阿含經』卷9(『大正藏』2, 62쪽. 하4.): (부처님께서는 이십억귀에게 고하여 말씀
    하셨다. "나는 이제 그대에게 묻겠으니 그대는 내게 대답하여라. 이십억귀여
    그대가 속가에 있을 때에 거문고를 잘 탔었는가?" 대답했다. "그렇습니다. 세존이
    시여!" 다시 물었다. "그대는 어떻게 생각하는가? 그대가 거문고를 탈 때에 만약에
    그 줄을 너무 팽팽하게 하면 미묘하고 부드러운 소리가 나든가?" 대답했다.
    "아닙니다. 세존이시여!" 다시 물었다. "그대는 어떻게 생각하는가? 그 줄을
    너무 느슨하게 하면 과연 미묘하고 부드러운 소리가 나던가?" 대답했다. "아닙니
    다. 세존이시여!" 다시 물었다. "거문고 줄을 잘 조율하여 너무 느슨하지도 않고
    너무 팽팽하지도 않게 되어야 미묘하게 화합된 청아한 소리를 내지 않든가?"
    대답했다. "그렇습니다. 세존이시여!" 부처님께서는 이십억귀에게 고하여 말씀
    하시었다. "정진하는 것도 너무 급하면 그 마음에 불안함을(掉悔) 더하게 되고,
    정진이 너무 느리면 사람을 나태하게 한다. 그러므로 그대는 마땅히 평등하게
    수행하여 익히고 받아들여야하고, 집착하지도, 방일하지도, 형상을 대상으로
    취하지도 말아야 한다." 그때에 존자 이십억귀는 부처님 말씀을 듣고 환희하고
    찬탄하면서 예배하고 물러갔다.)
    『大慧普覺禪師語錄』卷29(『大正藏』47, 936쪽. 중25.) :「但將此頌放在上面。却
    將經文移來下面。頌却是經。經却是頌。試如此做工夫看。莫管悟不悟。心頭
    休熱忙。亦不可放緩。如調絃之法。緊緩得其所。則曲調自成矣」
127) 『護法論』卷1(『大正藏』52, 644쪽. 중26.) :「又白樂天問寬禪師. 無修無證, 何異
    凡夫. 師曰, 凡夫無明 二乘執著. 離此二病, 是曰眞修. 眞修者, 不得勤, 不得忘.
    勤則近執著, 忘則落無明. 此爲心要耳, 此眞初學 入道之法門也.」; 北宋張商英撰.
    收於大正藏第52冊. 서두에 무애거사 정홍이 건도(乾道)7년(1171)에 쓴 서문이
    있음. 말미에는 원(元) 지정(至正) 5년(1345)에 우집이 쓴 발문이 있음. 홍무(洪
    武)7년(1374)에 송렴이 중각한 제사(題辭)를 첨가함. [佛祖歷代通載卷29, 釋氏
    稽古略卷四. 居士傳卷28]
    『金剛經註解』卷2(『卍續藏』24, 778쪽. 중24.)1423년 :「李文會曰, 於法有所得不
    者, 如來欲破, 二乘之人執著之心, 故有此問. 白樂天問寬禪師云, 無修無證, 何異
    凡夫. 師云, 凡夫無明, 二乘執著, 離此二病, 是名眞修也. 眞修者, 不得勤, 不得怠,
    勤則近執著, 怠則落無明, 乃爲心要耳. 此是初學 入道之法門也. 於法實無所得者,
    須菩提謂, 如來自性, 本來淸爭, 而於然燈佛所, 於法實無所得.」(이문회가 말했다.
    법유로 체득하지 못한다는 것(법이 유소득이 아니라는 것)을 여래는 이승의 사람
    들의 집착하는 마음을 타파하고자 한 것이므로 이 물음이 있는 것이다. 백락천이
    관선사에게 물었다. 무수무증인데 범부와 무엇이 다릅니까? 선사가 대답했다.

참선공부는 거문고의 줄을 맞추는 것과 같아서 팽팽하고 느슨함이 정확하게 맞아야 한다.

수행을 하면서 너무 조급하게 하려고하면 집착하는 것이 되기 쉽고, 나태하여 망각(忘却)하면 무명(無明)에 떨어지게 된다.

성성(惺惺)하고 역력(歷歷)[128]하면서 당당(堂堂)밀밀(密密, 지혜가 항상 작용함)면면(綿綿, 단절됨이 없는 불퇴전)해야 한다.

※ 항상 자신은 망념에 빠지지 말고 지혜로 관조하며 분명하게
   생활하면서 물러나지 말아야 하는 것.

【해解】

彈琴者曰, 緩急得中然後, 淸音普矣. 工夫亦如此, 急則動血囊, 忘則入鬼窟. 不徐不疾, 妙在其中.

거문고를 타는 자가 말하기를,
'거문고 줄은 느슨하고 팽팽하게 함을 조율하여 정확하게 맞춘 이후에야 그 소리가 아름답고 청아하게 잘 난다.'고 하였다.

범부는 무명이고 이승(二乘)은 집착이 있으므로 이 두병을 초월하는 것을 진실한 수행이라고 말하는 것이다. 진실한 수행은 조급하지도 말고 나태하지도 말아야 한다. 조급하면 집착이고 나태하면 무명이므로 이것을 심요(心要)라고 하는 것이다. 이것을 초학이라고 하는 것이며 도(道)를 깨닫는 법문(法門)이라고 한다. 법이 진실로 무소득이라는 것을 수보리가 설명하기를 여래의 자성은 본래청정하므로 연등불이 계신 곳에서 부촉 받은 법은 진실로 없다.(무소득, 무소유))

128) 성성(惺惺)하고 역력(歷歷) : 성성(지혜로 깨어 있는 것), 역력(지혜로 깨어 있는 것을 분명하게 자각하는 것).

참선수행 공부를 하는 것도 역시 이와 같아서 조급히(急, 勤) 하려고 하면 혈낭(血囊, 망념, 집착(執着))이 발동하게 되고, 나태하여 잊어버리면(忘却) 귀신굴(無明)에 빠지게 된다.

느리지도 않고 빠르지도 않게 되면 현묘한 지혜로운 삶은 그것에 적중(的中)해야 하는 것이다.

〔惺惺歷歷〕

19. 마라(魔羅, 마군, 사도, 외도)에게 이기는 법

工夫到, 行不知行, 坐不知坐.129) 當此之時, 八萬四千130)魔軍, 在六根131)門頭伺候, 隨心生設. 心若不起, 爭如之何.

   수행자가 공부(工夫, 노력, 실천, 용맹정진)를 하여 지극한 경지에 이르면 행(行)하되 행(行)하는 것을 대상으로 알지 않게 되고, 좌선을 하여도 대상으로 좌선하지 않게 된다.
   마땅히 이와 같은 때가 되면, 팔만 사천 마군(魔軍)의 무리가 육근(六根)의 문 앞에서 엿보고 있다가(伺) 번뇌망심의 중생심에 따라 마군이 살아나서 건설되는 것이다.
   그러나 중생심의 번뇌망심(妄心)이 만약에 일어나지 않으면 (육근(六根)문 앞에서)아무리 침범하려고 하소연을 하여도 무슨 상관

---

129) 『禪關策進』卷1(『大正藏』48, 1100쪽. 하5.) : 「更須確其正念愼無二心, 至於 行
   不知行, 坐不知坐. 寒熱饑渴, 悉皆不知, 此境界現前, 卽是到家消息.」(다시 반드
   시 정념을 확신하여 진실로(愼) 차별심이 없게 되어 지극한 경지에 이르면 행하되
   행하는 것을 대상으로 알지 않고 좌선을 하여도 대상으로 좌선하지 않는다.
   이렇게 되면 한열기갈(寒熱饑渴)을 실제로 모두 대상으로 알지 않게 되면 이와
   같은 경계가 현전하게 되어 즉시에 가풍(家風)의 소식을 깨닫게 된다.)
   『高峰原妙禪師禪要』卷1(『卍續藏』70, 704쪽. 상5.) : 「喫茶不知茶, 喫飯不知飯,
   行不知行, 坐不知坐.」(차를 마셔도 차를 마신다는 대상으로 알지 않고 음식을
   먹어도 음식을 대상으로 알지 않고 행하되 행하는 것을 대상으로 알지 않고
   좌선을 하여도 대상으로 좌선하지 않는다.)
130) 팔만사천(八萬四千) : 중생의 번뇌망념이 팔만사천이라고 하는 것은 중생들의
   번뇌망념이 무수하게 많다는 것을 말하는 것이고 그 번뇌망념을 마장, 마라라고
   하는 것이다. 그러므로 그 마장을 항복시키는 법문도 팔만사천 법문인 것이다.
131) 육근(六根) : 안이비설신의(眼耳鼻舌身意)의 여섯 가지 근원을 육근(六根)이라
   하고 육근의 대상경계를 육경(六境)이라고 한다. 그리고 육근(六根)으로 육경(六
   境, 색성향미촉법)을 인식하는 것을 육식(六識)이라고 한다.

이 있겠는가?

【解解】

魔者 樂生死之鬼名也.[132] 八萬四千魔軍者, 乃衆生八萬四千煩
惱也. 魔本無種, 修行失念者, 逐派其源也. 衆生 順其境故 順之,
道人 逆其境故 逆之. 故云道高魔盛也.[133] 禪定中或見孝子而斫
股, 或見猪子而把鼻者.[134] 亦自心起見 感此外魔也. 心若不起,

132) 『大慧普覺禪師語錄』卷26(『大正藏』47, 921쪽. 중14.) : 「又古德云, 學道人一念
計生死, 卽落魔道. 一念起諸見, 卽落外道. 又淨名云, 衆魔者樂生死, 菩薩於生死
而不捨. 外道者樂諸見, 菩薩於諸見而不動.」(또 고덕이 말하기를 도를 배우는
이가 일념으로 생사를 헤아리면 즉 마도에 떨어진다. 일념은 제견을 일으키게
되므로 즉 외도에 떨어지게 되는 것이다. 또 정명경에 말하기를 모든 미장은
생사를 즐기고, 보살은 생사에 집착이 없다. 외도는 제견을 즐기고 보살은 제견에
대하여 부동이다.)
133) 『補續高僧傳』卷18(『卍續藏』77, 493쪽. 상7.) : 「又曰, 道高魔盛, 逆順萬端. 但能
正念現前, 一切不能留碍.」(또 말하기를 도(道)가 높을수록 마장(魔障)이 치성하
여 역순으로 구석구석에 미치게 된다. 단지 능히 정념이 현전하면 일체에 능히
장애가 머무를 수 없는 것이다.)
134) 『宗鏡錄』卷29(『大正藏』48, 587쪽. 상9.) : 「見一孝子, 擎一死屍來, 向禪師前著,
便哭云. 何故. 殺我阿母. 禪師知是魔. 思云, 此是魔境. 我將斧斫 却可不得解脫,
便於柱上取斧, 逐斫一斧, 孝子走去, 後覺股上濕, 便看, 乃見血. 不期自斫. 斯乃
正坐禪時, 心中起見, 逐感外魔, 來入行人 心不知皆由自心. 或自歌舞等, 元是自
心影像. 故知若으唯心, 諸境自滅 何處心外別有境魔耶. 又昔有禪師坐, 時見一
猪來在前, 禪師將是魔, 則緩擎把猪鼻拽. 唱叫. 把火來, 乃見和尙自把鼻唱叫.
明知由心變. 但修正定, 何有魔事.」(어느 효자가 시체를 들고 선사의 면전에
와서는 분명하게 선사를 향하며 통곡을 하면서 말하기를, "어찌하여 나의 어머니
를 살해하였냐고 하기에 선사께서는 이것을 마장이라고 알고는 생각하며 말하기
를, '이것이 마장의 경계이고 도리어 해탈을 하지 못하였으니 내가 도끼를 가지고
끊어야겠다.(斫)' 하면서 바로 기둥에 걸어둔 도끼를 가지고 마침내 한 번에
끊어버리니 효자가 도망을 가버린 후에 자기의 넓적다리(股)위가 축축한 것을
알고는 바로 살펴보니 자기의 넓적다리에서 피가 흐르는 것을 보았다. 자기
다리를 찍지 않아야 하고, 이와 같은 것이 좌선할 때에 마음속에 나타나게 되면

則種種伎倆 翻爲割水吹光也. 古云, 壁隙風動, 心隙魔侵.

마(魔, 마장, 마라)는 망념의 생사(生死)윤회를 즐기는 귀신(교활함)의 이름이고, 팔만사천 마군(魔軍)은 중생(衆生)의 팔만사천 번뇌를 말하는 것이다.

마장(魔障)은 근본적으로 종자가 없지만, 수행자가 실념(失念, 忘却, 無明)하는 그것에서 그 근원이 되어 파생되는 것이다.

중생은 그 대상경계를 따라 추종하므로 대상경계와 같이하지만(順), 도인(道人)은 그 대상경계를 역행하므로 대상경계와 역행(逆)하게 된다.

그래서 고인(故人)이 말하기를,

'도(道)가 높을수록 마장(魔障)이 치성하게 된다.' 라고 말하는 것이다.

선정(禪定) 수행(修行) 중에 간혹은 상주를 보고 자기의 다리를 찍기도 하고, 간혹은 산돼지를 보고 자기의 코를 비틀기도 하는 것이다.

이것은 역시 자기 마음에서 망견(妄見)을 일으켜 외부(外部)의 마(魔)를 보고 자기의 마음에 일어나게 한 것이다.

외부에서 마장이 들어와 행하는 것을 모두 마음에서 대상으로 알지 말아야 하는데 혹은 자신이 춤을 추고 노래를 부르기도 하는 것. 원래는 자기마음의 영상인 것이다. 그러므로 만약에 유심(唯心)이라는 것을 요달하게 되면 모든 경계는 사라지게 되는 것이다. 마음 밖에 어디에 대상경계의 마장이 있겠는가? 또 지난날에 어느 선사가 좌선하고 있는데 산돼지가 면전으로 달려오는 것을 보고는 선사가 마장이라고 알고는 곧바로 그 산돼지의 코를 붙잡고 소리치면서 불을 가지고 오라고 하여 보니 화상 자기의 코를 잡고 있다는 것을 알게 되어 분명하게 이것들은 마음의 변화로 말미암은 것이라는 것을 깨닫게 되었다. 단지 올바른 선정(正定)의 수행이면 어디에 마장의 일이 있겠는가?)

그러나 자신의 마음에 망념(妄念)이 일어나지 않으면 즉 마장(魔障)이 온갖 기량(伎倆, 수단, 솜씨)을 나타내어도 도리어 (칼로) 물을 베고 (입으로) 햇빛을 부는 것과 같게 된다.

고인(古人)이 말씀하시기를, '벽에 틈이 생기면 바람이 들어오고, 마음에 틈이 생기면 마(魔)가 들어온다.' 라고 하신 것이 이것이다.

〔道高魔盛〕

20. 지혜로 살아가는 법

起心是天魔,[135] 不起心是陰魔,[136] 或起或不起, 是煩惱魔. 然
我正法中, 本無如是事.[137]

망념(妄念)이 일어나는 것은 천마(天魔)이고 망념(妄念)이 일어
나지 않는 것은 음마(陰魔)이고, 혹은 망념(妄念)이 일어나기도
하고 혹은 망념(妄念)이 일어나지 않기도 하는 것이 번뇌마(煩惱
魔)이다.

그러나 내가 정법(正法)에 적중하게 행(行)하면 근본적으로는
그런 일은 없는 것이다.

【해解】

大抵忘機,[138] 是佛道, 分別 是魔境. 然魔境夢事, 何勞辨詰.

---

135) 천마(天魔) : 망념이 일어나는 것이 천마이다. 망념은 자신에게 있는 것이므로
육도윤회도 자신에게 있다.
136) 음마(陰魔) : 오온마(五蘊魔)라고 하는 것은 색수상행식(色受想行識)이 마(魔)라
는 것이다. 그래서 오온을 모두 공(空)이라고 한 '오온개공(五蘊皆空)'을 주장하는
것이다. 즉 의식의 대상경계가 성(性)이 되는 경계(境界)지성(之性)이 되어야
마장은 사라지고 공(空)이 된다.
137) 『景德傳燈錄』卷28(『大正藏』51, 442쪽. 상13.) :「師曰, 起心是天魔, 不起心是陰
魔. 或起不起是煩惱魔. 我正法中無如是事.」(망념이 일어나는 것은 천마(天魔)
이고 망념이 일어나지 않는 것은 음마(陰魔)이고, 혹 일어나기도 하고 혹 일어나
지 않기도 하는 것은 번뇌마(煩惱魔)이다. 그러나 내가 정법(正法)에 적중하게
행하면 여시(如是)한 일대사라고 하는 것도 없는 것이다.)
138) 망기(忘機) : 지혜로운 삶을 산다는 사실도 다한다는 뜻으로 무심(無心)의 지혜로
살아가는 것을 말한다. 그러므로 공(空)과 불공(不空)을 주장하는 것이고 경계(境

대체로 분별하지 않는 무심(忘機, 無心)한 것이 불도(佛道, 부처의 지혜로 생활하는 것)이고, 분별하는 것은 마경(魔境)이다.

그러나 마경(魔境)도 꿈속의 일인데 어찌 따져서 분명히 판단하려 할 필요가 있겠는가?

〔我正法中〕

界)지성(之性)의 지혜로운 삶을 살아가는 것을 강조하는 조사선의 실천을 의미한다.

21. 업장을 소멸시키는 법

工夫 若打成一片, 則縱今生 透不得, 眼光落地之時, 不爲惡業
所牽.[139]

수행자가 공부(工夫, 노력, 실천, 용맹정진)를 하여 만약에 타성
일편(打成一片, 불법과 계합)이 되어 조금이라도 철저하게 되면
곧바로 지금(今生)의 망념(妄念)에서 자유자재하게 되니, 투철(透
徹)하게 체득하지 못하더라도, 지혜의 안목(眼目)이 궁극적인 곳에
이르게 되면 악업(惡業)에 구애 받지 않게 된다.

---

139) 『大慧普覺禪師語錄』卷25(『大正藏』47, 919쪽. 중20.) : 「雖今生打未徹, 臨命終
時, 定不爲惡業所牽. 流落惡道, 來生出頭, 隨我今生願力, 定在般若中, 現成受
用.」(비록 지금의 망념을 철저하게 타파하여 깨닫지 못해도 중생심의 목숨이
다하면 선정에 의하여 악업에 장애 받지 않게 된다. 악도에 떨어져 다가오는
망념이 나오더라도 자신에 따른 지금의 원력으로 반드시 반야에 정확하게 있게
되어 현성(現成)으로 수용(受用)하게 된다.)
『大慧普覺禪師語錄』卷28(『大正藏』47, 932쪽. 상1.) : 「若依此做工夫, 雖未悟徹,
亦能分別邪正, 不爲邪魔所障. 亦種得般若種子深. 縱今生不了, 來生出頭現成受
用. 亦不費力, 亦不被惡業奪將去. 臨命終時 亦能轉業. 況一念相應耶, 逐日千萬
不要思量別事.」(만약에 이것에 의지하여 공부를 하여 가면 비록 깨달음이 철저하
지 못하더라도 역시 능히 사정(邪正)을 분별하게 되고, 사마(邪魔)가 방해를
하지 못하고, 역시 씨앗을 뿌려(種) 반야의 종자를 얻게 된다. 지금의 망념을
자유자재하게 요달하지 못하더라도 앞으로 망념(來生)이 출두하더라도 현성(現
成)하여 수용하게 되니 역시 힘들이지 않게 되고, 역시 악업에 끄달리지 않게
되어 중생심의 목숨이 다할 때에 역시 업장을 전환하게 된다. 그러므로 일념이
상응하게 되면 부처의 지혜를 따르니(逐) 온갖 사량 분별하는 일은 필요하지
않게 된다.)

【해解】

業者無明也.140) 禪者般若也. 明闇不相敵,141) 理固然也.

업(業)이란 무명(無明)이고, 선(禪)은 반야지혜의 삶이다.
명암(明闇)이 서로 상대하여 대적(對敵)할 수 없는 것은 이치가
본래부터 당연(固然)한 것이다.

〔打成一片〕

---

140)『緣生初勝分法本經』卷2(『大正藏』16, 835쪽. 상5.)
141)『妙法蓮華經文句』卷9「釋壽量品」(『大正藏』34, 133쪽. 중1.)
  『法華經科註』卷8(『卍續藏』30, 799쪽. 하24.) :「又聞一切眾生, 卽菩提相. 菩提相
    卽煩惱相, 明闇不相除顯, 出佛菩提. 眾生聞此, 復起慢恣不復修」
  『維摩經文疏』卷13(『卍續藏』18, 558쪽. 중19.) :「菩薩以佛慧觀, 正道之 性, 非明
    非闇, 而能雙遊, 明闇明闇不相妨 顯出無上佛道是 行於非道 通達佛道   也.」

22. 참선수행자가 직접 점검해야 하는 것

大抵叅禪者, 還知四恩 深厚麼, 還知四大[142]醜身, 念念衰朽麼. 還知人命在呼吸麼. 生來值遇佛祖麼. 及聞無上法, 生希有心麼. 不離僧堂, 守節麼. 不與鄰單, 雜話麼. 切忌皷扇, 是非麼. 話頭十二時[143]中, 明明不昧麼. 對人接話時, 無間斷麼. 見聞覺知時, 打成一片麼. 返觀自己, 捉敗佛祖麼. 今生決定, 續佛慧命麼. 起坐便宜時, 還思地獄苦麼. 此一報身, 定脫輪廻麼. 當八風[144]境, 心不動麼. 此是叅禪人, 日用中點檢底道理. 古人云, 此身不向今生度, 更待何生度此身.

대체로(大抵, 대개) 참선(參禪)수행자라고 하면 (일상생활 중에서 다음과 같이 점검해야 한다.)

네 가지의 은혜가 매우 두터운가를 알고 있는가?

사대(四大)의 더러운 몸(醜身)은 항상 찰나마다 계속하여 늙어가며 쇠약하여져서 무너진다는 것을 알고 있는가?

사람의 목숨이 호흡하는 곳에 있다는 것을 알고 있는가?

평생 동안 살아가면서 부처나 조사를 우연히 만났는지,

또 부처의 무상법(無上法)을 듣고 희유(希有)한 마음을 내게 되었는가를 점검해야 한다.

---

142) 사대색신(四大色身) : 지수화풍(地水火風)의 사대(四大)육신.

143) 십이시(十二時) : 하루 24시간을 말함.

144) 팔풍(八風) : 우리의 마음을 움직이게 하는 중생심의 작용을 말한다. 내 뜻에 맞고(利), 내 뜻에 어기는 것(衰), 나 안 보는데서 나를 비방하는 것(毀), 나 안 보는데서 나를 찬미하는 것(譽), 면전에서 찬미하는 것(稱), 면전에서 비방하는 것(譏), 몸과 마음을 괴롭히는 것(苦), 몸과 마음을 즐겁게 해 주는 것(樂) 등이다.

승당(僧堂)을 떠나지 않고 수행자다운 절개를 지키고 있는가?

곁에 있는 사람과 쓸데없는 잡담을 하고 있지는 않는가?

분주하게 북치고 부채질하며(鼓扇, 鼓) 시비(是非)만 일삼고 있지는 않는가?

하루 종일 명명백백하게 화두(話頭)로 자각하여 진여의 지혜에 매(昧, 우매, 어둡다)하지는 않는가?

남과 대화하고 있을 때도 (지혜가) 단절됨이 없는가?

견문각지(見聞覺知)할 때에 타성일편(打成一片)이 되고 있는가?

자기의 본래면목을 회광반조하여 불조(佛祖)라는 집착을 사로잡아 제거할 수 있는가?

금생(今生, 지금)에 부처의 혜명을 계승하기를 결정하였는가?

일어서고 앉고 편하게 될 때에도 지옥의 고통을 생각하고 있는가?

이 하나의 보신(報身)이 윤회에서 확실하게 해탈하고자 결정하였는가?

마땅히 팔풍(八風, 번뇌)의 경계를 당(當)하여도 마음이 부동지(不動地)에 있게 하는가?

이것이 참선 수행자가 일상생활 중에서 점검해야 하는 (16가지) 근본 도리이다.

고인(古人)이 말씀하시기를 '이 몸을 지금 바로(今生) 제도하지 못하면 다시 어느 때에 이 몸을 제도(濟度)하겠는가?' 라고 하셨다.

【解解】

四恩者, 父母君師 施主恩也.[145] 四大醜身者, 父之精一滴, 母之
血一滴者, 水大之濕也. 精爲骨, 血爲皮者, 地大之堅也. 精血一
塊, 不腐不爛者, 火大之暖也. 鼻孔先成, 通出入息者, 風大之動
也. 阿難曰, '欲氣麁濁, 腥臊交遘.[146]' 此所以醜身也. 念念衰朽
者, 頭上光陰, 刹那不停, 面自皺而髮自白. 如云, '今旣不如昔,
後當不如今.' 此無常之體也. 然無常之鬼, 以殺爲戱, 實念念可畏
也.

네 가지 은혜라는 것은 부모, 왕, 스승, 시주의 은혜이다.

사대(四大)의 더러운 몸(醜身)은 아버지의 정기(精氣) 한 방울과
어머니의 피 한 방울이라는 것은 수대(水大)의 습(濕)한 성질이다.

정기(精氣)는 뼈가 되고, 피는 가죽이 되는 것이 지대(地大)의
단단한 성질이다.

정기(精氣)와 피의 한 덩어리(塊)가 되어 썩지 않고 문드러지지도
않는 것이 화대(火大)의 따뜻한(暖) 성질이다.

콧구멍이 먼저 생겨서 출식(出息) 입식(入息)의 호흡이 통하는

---

145)『釋氏要覽』卷2(『大正藏』54, 290쪽. 상22.) :「四恩者, 其國王父母可知, 其師長
施主何耶.」

『諸經要略文』卷1(『大正藏』85, 1205쪽. 하17.) :「四恩者, 一父母恩, 能生己身 得
有今日. 二師僧恩, 生我法身 以法施我 三國王恩, 救我課沒 水土草木 常以施我
四檀越恩, 供給衣食 濟我身命.」

146)『首楞嚴經』卷1(『大正藏』19, 945쪽. 하25.) :「欲氣麁濁, 腥臊交遘, 膿血雜亂.」
(욕망의 기운은 추하고 혼탁하여서 비린내 나고 누린내 나는 더러운 것이 서로
섞여 있다.)

『首楞嚴義疏主經』卷1(『大正藏』39, 831쪽. 하8.) :「欲氣麁濁, 腥臊交遘, 膿血雜
亂.」

것이 풍대(風大)의 움직이는 성질이다.

아난존자가 말하기를, '욕망의 기운은 추하고 혼탁하여서 비린내 나고 누린내 나는 더러운 것이 서로 섞여 있다.' 라고 한 것을 이것이라고 한 까닭에 더러운 몸(醜身)이라고 한다.

항상 찰나마다 계속하여 늙어가며 쇠약하여져서 무너진다는 것은 두상(頭上, 머리에서, 처음부터, 가까이)의 세월이 잠시도 멈추지 않아 얼굴은 저절로 주름이 지고 머리는 저절로 백발이 되어 간다는 것이다.

이와 같으므로 말하기를, '지금의 모습도 벌써(既) 조금 전의 모습과 같지 않은데, 후일(後日)에는 마땅히 지금의 모습과 같지 않은 것이다.' 라고 말한 이것은 무상(無常)의 실체(實體)를 말한 것이다.

그리하여(然) 무상(無常)의 귀(鬼, 귀신, 교활함)는 죽이는 것을 유희(遊戲)로 삼고 있으니, 실제로 항상 생각 생각의 찰나마다 계속하여 두려운 것이다.

呼者, 出息之火也. 吸者, 入息之風也. 人命寄托, 只在出入息也.147) 八風者, 順逆二境也.148) 地獄苦者, 人間六十劫,149) 泥犁150)一晝夜, 鑊湯爐炭 劍樹刀山之苦, 口不可形言也. 人身難得,

---

147) 『四十二章經』卷1(『大正藏』17, 724쪽. 상3.) : 「復問一沙門, 人命在幾間? 對曰, 呼吸之間. 佛言, 善哉! 子可謂爲道者矣.」
148) 『法華文句記』卷1「釋序品」(『大正藏』34, 168쪽. 중19.) : 「八風者, 利衰毀譽稱譏 苦樂, 四違四順.」
　　『慈悲道場水懺法隨聞錄』卷1(『卍續藏』74, 683쪽. 하3.) : 「八風者 四順四逆」
　　『涅槃經疏私記』卷3(『大正藏』37, 27쪽. 중17.) : 「凡夫八風者, 違順等四也.」
149) 겁(劫) : 무한히 오랜 세월을 가리키는 말인데, 망념(妄念)의 고정된 시간. 바꾸기 어려운 고정관념.

甚於海中之鍼[151]故, 於此愍而警之.

내쉬는 숨(呼)은 출식(出息)하는 화대(火大)의 성질이다.
들어 쉬는 숨(吸)은 입식(入息)하는 풍대(風大)의 성질이다.
사람의 목숨이 기탁(寄托, 의탁)하는 것은 단지 출식(出息)과
입식入息)에 있다(在).
팔풍(八風)이라는 것은 순경(順境)과 역경(逆境)이라는 두 가지
차별경계이다.
지옥고(地獄苦)라는 것은 인간의 60겁이 지옥의 하루 밤낮에
해당 되는데, 확탕(鑊湯), 노탄(爐炭)의 지옥과 검수(劍樹), 도산
(刀山)지옥의 고통은 입으로 이루 다 형용하여 말할 수 없는 것이다.
중생심을 가진 사람의 몸으로는 체득하기가 어렵다는 것은 큰
바다(大海)속에 빠져버린 바늘을 찾기보다도 어렵기 때문에 이것
을 근심하고(愍) 경계(警戒)하는 것이다.

---

150) 니려, 니리(泥黎, 泥梨) : 지옥을 말함. 기쁘고 즐거운 것이 없는 십계(十界)
    중 가장 하열한 무간 아비지옥.
151)『大莊嚴論經』卷6(『大正藏』4, 291쪽. 중27.) :「人身難得, 佛以大海爲喻. 浮木孔
    小, 盲龜無眼, 百年一出 實難可値. 我今池小 其板孔大, 復有兩眼 日百出頭, 猶不
    能値. 況彼盲龜, 而當得値.」(인신으로는 체득하기 어려운 것을 부처님이 대해에
    비유하여 설명했다. 물에 뜨는 나무에 작은 구멍이 있는데 안목이 없는 맹구(盲
    龜)가 백년에 한번 나오는데 실제로 올바르게 만나기는 어렵다. 내가 지금 작은
    연못(池)에 그 판자를 가져다가 큰 구멍을 내어놓고, 또 양 눈이 있고, 하루에도
    백번을 물 밖으로 머리를 내밀어도 오히려 만날 수 없는 것이거늘 하물며 맹구(盲
    龜)가 만나 마땅히 얻는 다는 것은 어렵다.)
    『宗鏡錄』卷42(『大正藏』4황8, 665쪽. 하10.) :「人身難得, 甚過於是. 又菩薩處胎
    經 偈云, 盲龜浮木孔 時時猶可値. 人一失命根, 億劫復難是. 海水深廣大, 三百三十
    六. 一針(鍼)投海底, 求之尙可得.」

評曰, 上來法語, 如人飮水, 冷暖自知.152) 聰明不能敵業, 乾慧
未免苦輪, 各須察念, 勿以自謾.

평(評)하여 말하기를, '위의 법어(法語)는 사람이 물을 직접 마셔
보아야 차고 따뜻함을 스스로 아는 것과 같다.

총명(聰明)함으로는 능히 업(業)을 막지 못하고, 마른 지혜(乾慧,
지식)로는 고(苦)의 윤회를 면하지 못하는 것이므로, 각자 반드시
자신의 망념을 밝게 분별하여 자신을 속이지(自謾) 않아야 한
다.153)' 라고 했다.

---

152) 『無門關』卷1(『大正藏』48, 296쪽. 상3.) : 「如人飮水, 冷暖自知.」
　　『禪源諸詮集都序』卷1(『大正藏』48, 404쪽. 중24.) : 「答, 如人飮水, 冷暖自知. 各各
　　觀心, 各各察念.」
　　『景德傳燈錄』卷4(『大正藏』51, 232쪽. 상15.) : 「如人飮水, 冷暖自知.」
153) 『聯燈會要』卷5(『卍續藏』79, 46쪽. 하5.) : 「失人身者, 如大地土, 良可傷哉. 設有
　　悟理之者, 有一知一解, 不知是悟中之則, 入理之門, 便爲永出世利. 巡山傍澗,
　　輕忽上流, 致使心漏不盡, 理地不明, 到老無成, 虛延歲月. 且聰明不能敵業, 乾慧
　　未免苦輪. 假使才並馬鳴, 智齊龍樹, 只是一生兩生, 不失人身. 根思宿靜, 聞之卽
　　解.」(중생심의 인신을 잃는다는 것은 대지의 흙으로 돌아가는 것과 같고 정말로
　　재앙이라고 하는 것이다. 설령 도리를 깨달은 이가 있다면 하나의 지(知)에
　　하나의 깨달음이 있는 것으로 깨달음의 법칙(則)을 대상으로 알지 않는 도리를
　　깨달아 입문한 것이니 바로 출세한 것이다. 산과 성과 계곡의 시내를 돌다가
　　홀연히 상류에 가게 되어도 마음에 망념이 다하지 않으면 이(理)의 근본이 명확하
　　지 않게 되고 나이가 들게 되어도 이루는 것이 없게 되어 허망하게 세월만
　　보내게 된다. 잠시의(且) 총명(聰明)함으로는 능히 업(業)을 막지 못하고, 마른
　　지혜(乾慧)로는 고(苦)의 윤회를 면하지 못한다. 비록 재주는 마명과 같고 지혜는
　　용수와 같다고 하여도 단지 일생(一生, 부처가 될 사람)으로 양생(兩生, 융통성
　　없는 사람, 지혜를 활용하지 못하는 소승)이 되므로 인신(人身, 중생)이 된다.
　　근원으로 사유하면 적정(寂靜)하게 되어 견문각지하여 해탈하게 된다.)

23. 언어문자로 수행하는 이의 오점

學語之輩, 說時似悟, 對境還迷.[154] 所謂言行, 相違者也.

언어문자로만 배우는 것을 수행(修行)이라고 하는 이들은 말을
할 때에는 깨달은 것과 같이 하지만 대상 경계에 처했을 때 행(行)하
려고 하면 도리어 미혹하게 된다.

이것을 소위 말하기로 말과 행동이 서로 어긋난(相違) 사람이라
고 한다.

【解解】

此, 結上自誑之意. 言行相違, 虛實可辨.[155]

이것은 위에서 말한 스스로를 속인다는 자만(自誑)의 뜻을 결정
하는 말이다.

말과 행동이 서로 어긋나면 진실로 올바르게 판단한다고 해도
허망한 것이 된다.

---

154) 『護法論』卷1(『大正藏』52, 643쪽. 상13.) : 「今則習口耳之學, 裨販如來, 披師子
皮, 作野干行. 說時似悟, 對境還迷. 所守如塵 俗之匹夫, 略無愧恥」(지금 입과
귀로 말만 익혀서 배우는 이들은 여래를 파는 것으로 사자의 껍질을 입고 여우의
행동을 한다. 말을 할 때에는 깨달은 것과 같이 하지만 대상 경계를 대(對)하게
되면 도리어 미혹하게 된다. 대상경계를 고수하는 것이 번뇌와 같으므로 세속의
필부(匹夫)들이 부끄럼(愧恥)이 없는 것과 같다.)
155) 『涅槃經疏私記』卷4(『卍續藏』37, 39쪽. 상1.) : 「言行相韋者, 三業皆違也.」

〔自謾〕

24. 망념의 생사를 초월하는 법

若欲敵生死, 須得這一念子, 爆地一破, 方了得生死.[156]

만약에 번뇌망념의 생사(生死)를 대적(對敵)하고자 하면 반드시 낱낱(這)을 일념(一念, 진여의 지혜)으로 체득하여 한 번에 번뇌망념을 파괴시켜 없애버려야만 비로소 번뇌망념의 생사(生死)에서 지혜를 체득하여 일대사를 요달하게 된다.

---

156) 『大慧普覺禪師語錄』卷26(『大正藏』47, 921쪽. 하2.) : 「須得這一念子, 爆地一破, 方了得生死, 方名悟入.」
(단지 그는 삼아승지겁이 공(空)이라는 것을 요달하여 … 진실로 한 맹인 여러 맹인들을 인도하는 것으로 서로 불구덩이로 견인(牽引)하여 들어가는 것이니 심히 가련하고 불쌍한 것이다. …원하오니 억지로(硬) 불법(佛法)을 바로 세워서 이런 무리들이 조작하는 것을 쫓지 말게 해야 한다. 이런 무리들이 조작하는 것을 추종하면 비록 잠시 동안(暫) 일개의 육신(臭皮袋)을 편안하게 구경에 이르게 구속하는 것이 된다. 그리하여 심식이 어지러워지면 오히려 야생마와 같으므로 설령(縱然) 심식(心識)이 잠시 정지되더라도 돌로 망념의 잡초를 눌러 놓은 것과 같아서 자각하지 않으면 또 다시 나타나게 된다. …무상보리를 취하여 구경의 안락처에 곧바로 도달하고자하면 되지 않으므로 역시 어려운 것이다. … 그러므로 구업(口業)으로 이런 폐해(弊害)에서 구제(救濟)하는 것을 의식하지 않아야 지금 있는 불성(佛性)이 점점 작아지지 않는 것을 아는 자이다 만약에 진실로 이와 같이 아는 것을 단절시키고자하면 ….)

爆, 打破漆桶[157]聲. 打破漆桶, 然後 生死可敵也. 諸佛因地[158]
法行者, 只此而已.[159]

폭(爆)은 무명(無明)의 칠통(漆桶)을 타파(打破)하는 소리이다.
무명(無明)의 칠통(漆桶)을 타파(打破)한 연후(然後)에야 번뇌
망념의 생사(生死)를 올바르게 대적(對敵)할 수 있다.

제불(諸佛)이 인지(因地, 수행보살)에서 법(法)에 맞게 수행하여
체득했다고 한 것이 단지 무명(無明)의 칠통(漆桶)을 타파(打破)한
이것뿐이다.

---

157) 칠통(漆桶) : 중생은 번뇌망념의 무명(無明)에 빠져 있어서 검은 것이 옻칠을
     담은 칠통 속과 같다고 하는 것.
158) 인지(因地) : 인행시(因行時)라고도 하는데, 공부하여 정각(正覺)하는 경지. 과지
     (果地)는 불지(佛地)이다. 인지(因地)는 진여의 지혜를 발하는 것.
     『圓覺經大疏釋義鈔』卷104(『卍續藏』9, 693쪽. 상24.) : 「故知諸佛因地, 只緣悟諸
     法不動, 念念隨順, 心無分別. 故得顚倒, 習氣已盡, 常見諸法不生故. 對一切差別
     之境. 無有不知不見也. 諸去不動之義. 前亦頻明.」
159) 『圓覺經大疏』卷34(『卍續藏』9, 409쪽. 중13.) : 「解曰, 諸佛因地, 皆發此心, 依此
     願修, 方成正覺. 若無心願 策引所修行 亦不成.」

25. 자신의 정법안장을 결택하는 법

然一念子, 爆地一破, 然後, 須訪明師, 決擇正眼.160)

그러나 일념(一念, 진여의 지혜)으로 한 번에 번뇌망념을 파괴시
켜 없애버리고 난 이후에는 반드시 명안(明眼) 종사(宗師)를 참방
(參訪)하면 정법안장(正法眼藏)을 결택(決擇)을 할 수 있다.

【해解】

此事, 極不容易, 須生慚愧始得. 道如大海, 轉入轉深, 愼勿得小
爲足. 悟後若不見人, 則醍醐161)上味, 翻成毒藥.162)

차사(此事, 본분사를 체득한 것, 자신이 진여의 지혜로운 삶을
사는 것)는 지극히 용이(容易, 쉬운 것)한 것이 아니니 반드시
자신을 책망(慚愧)하는 마음을 내야 비로소 체득하게 된다.
도(道, 진여의 지혜로운 삶)는 큰 바다와 같아서 들어갈수록
더욱 더 깊어지는 것이어서 진실로(愼) 작은 것을 얻었다고 만족하

---

160) 『大慧普覺禪師語錄』卷26(『大正藏』47, 921쪽. 하2.) : 「若要徑截理會, 須得這一
　　念子, 嚗地一破, 方了得生死, 方名悟入.」
161) 제호(醍醐) : '如諸藥中醍醐第一善治衆生熱惱亂心'『大般涅槃經』卷第3「名字功
　　德品第3 (『大正藏』第 12, 384쪽. 하27.) (모든 약 중에서 제호가 중생의 열뇌(熱
　　惱)의 어지러운 마음을 제일 잘 다스리는 약이다.)
162) 『雲門匡眞禪師廣錄』卷1(『大正藏』47, 547쪽. 중24.)「問, 醍醐上味, 爲什麽, 翻成
　　毒藥. 師云. 築(쌓을 축). 問, 何是活. 師云, 心不負人. 學云, 如何是殺. 師云,
　　三日後 不得唱衣. 學云, 不殺不活時如何. 師以拄杖趁出.」

지는 말아야 한다.

진여의 지혜로운 삶이라는 사실을 깨달은 이후에도 만약 본래인 (本來人)을 친견(親見)하지 못하면 즉 제호(醍醐)와 같은 최상의 좋은 맛도 도리어 독약(毒藥)으로 바뀔 수 있다.

※ 본래인(本來人, 眞人)으로 살아가지 못하면 대승의 조사가 되지 못하고 열반적정에 안주하게 되는 것을 우려하는 것이다. 본래인 (부처, 조사)을 짊어지고 살아가지 말라는 것.

〔正法眼藏〕

26. 수행을 하려면 먼저 돈오해야 함

古德云, '只貴子眼正, 不貴汝行履處.163)'

  고덕(古德)이 말씀하시기를, '단지 그대의 안목(眼目)이 바른 것만 귀하게 여길 뿐이고 그대의 행리처(行履處)164)를 귀하게 여기지 않는다.' 라고 하셨다.

【解解】

  昔仰山165)苔, 潙山166)問云, "'涅槃經167)四十卷, 總是魔說.' 此仰山之正眼也." 仰山又問 行履處, 潙山答曰, '只貴子眼正, 云云.' 此所以先 開正眼而後, 說行履也. 故云, 若欲修行, 先須頓悟.168)

  지난날에 앙산(仰山, 814~883)이 위산(潙山, 771~853)의 물음

---

163) 『景德傳燈錄』卷9(『大正藏』51, 265쪽. 상28.) :「仰山云, 慧寂卽一期之事, 行履在什麼處. 師云, 只貴子眼正, 不說子行履.」
164) 행리처(行履處) : 반야의 지혜가 구족된 출가사문이 도(道)를 행(行)하는 것. 출가 사문으로서 여시(如是)하게 반야의 지혜를 행하는 것. 방편설법.
165) 앙산혜적(仰山慧寂, 807-883)
166) 위산영우(潙山靈祐, 771-853)
167) 열반경(涅槃經) : 소승의 열반경과 대승의 열반경이 있는데 여기에서는 북량(北凉)의 담무참(曇無讖)이 번역한 『대반열반경(大般涅槃經)』40권 13품.
168) 『金剛經補註』卷2(『卍續藏』24, 835쪽. 하16.) :「若欲修行, 當依正法. 心體離念, 相等虛空, 不落聖凡. 身心平等, 如是修者, 是爲正法也.」(만약에 수행을 하고자 하면 마땅히 정법에 의지해야한다. 심체는 망념을 초월하여 서로 허공과 같이 하여야 범성(凡聖)에 떨어지지 않게 되고 신심(身心)이 평등한 여시한 수행자를 정법으로 수행한다고 한다.)

에 대답하기를, "'『열반경』 40권이 모두 마설(魔說)입니다.' 라고 하니, (위산이 말씀하시기를) 이것이 앙산(仰山)의 정안(正眼)입니다." 라고 했다.

앙산이 다시 행리처(行履處)를 물으니, 위산이 대답하기를, '단지 그대의 안목(眼目)이 바른 것만 귀하게 여길 뿐이다. 운운(云云).' 이라고 하셨다.

이것이 먼저 정법안장을 개시(開示)한 연후에 행리처(行履處)를 설하는 까닭이다.

그러므로 말씀하시기를, '만약에 수행(修行)을 하려면 먼저 반드시 돈오(頓悟)하고 나서 진여의 수행을 해야 한다.' 라고 하신 것이다.

27. 돈오(頓悟)하는 법과 점수(漸修)하는 법

願諸道者, 深信自心, 不自屈不自高.

  원하건대 모든 수행자들은 매우 확실하게 자기의 망심(妄心)이
불심(佛心)이라는 것을 진여(眞如)의 지혜로 확신하여서 자신이
퇴굴심을 내지도 말고 자신을 높이지도 말아야 한다.

【해解】

  此心平等, 本無凡聖. 然約人, 有迷悟凡聖也. 因師激發, 忽悟眞
我, 與佛無殊者, 頓也. 此所以不自屈. 如云, 本來無一物[169]也.

---

169) 『六祖大師法寶壇經』卷1(『大正藏』48, p. 349. 상7.) : 「菩提本無樹, 明鏡亦非臺.
  本來無一物, 何處惹塵埃.」(보리는 본래 나무가 없는 것, 명경 역시 받침이 없다.
  불성은 본래무일물로서 항상 청정한 것인데 어디에 먼지가 있겠는가?)
  『圓悟佛果禪師語錄』卷12(『大正藏』47, p. 770. 상26.) : 「故云, 菩提本無樹, 明鏡
  亦非臺. 本來無一物, 何處惹塵埃.」
  『佛果圜悟禪師碧巖錄』卷1(『大正藏』48, p. 139. 상19.) : 「自四十二章經入中國,
  始知有佛. 自達磨至六祖傳衣, 始有言句. 曰, 本來無一物爲南宗. 曰, 時時勤拂拭
  爲北宗.」(42장경이 중국에 들어오므로 인해서 비로소 부처가 있다는 것을 알게
  된 것이다. 달마로부터 육조까지 의발이 전해지므로 인하여 비로소 이와 같은
  언구(言句)가 있게 된 것이다. 왈, 본래무일물은 남종이 된 것이고, 왈, 시시근불식
  은 북종이 된 것이다.)
  『黃檗斷際禪師宛陵錄』卷1(『大正藏』48, p. 385. 중14.) : 「問, 本來無一物, 無物便
  是否. 師云, 無亦不是, 菩提無是處, 亦無無知解. 問, 何者是佛. 師云, 汝心是佛,
  佛卽是心, 心佛不異. 故云, 卽心是佛. 若離於心, 別更無佛.」(물었다. 본래무일물
  이라고 하는 것은 아무 것도 없는 것(無物)이 바로 이것입니까? 조사께서 대답했
  다. 그런 것이 아니다.(無) 또한 보리도 없는 것이 아니고 역시 지해도 없는
  것이 아니다. 물었다. 무엇이 부처입니까? 조사께서 대답하시기를, 그대의 지혜가
  작용하는 마음이 부처이므로 부처는 진여의 지혜로 생활하는 마음이니 부처와

因悟斷習, 轉凡成聖者, 漸也. 此所以不自高. 如云, 時時勤拂
拭[170]也.

이 불심(佛心)은 평등(平等)하여 본래부터 범부와 성자(聖者)라
는 차별이 없다.

그러나 사람들이 미리 헤아려서 미혹과 깨달음 범성(凡聖)을
있다고 한 것이다.

스승으로 인하여 격발(激發)하여 문득 진아(眞我)가 부처와 조금
도 다름이 없음을 깨치는 것을 이른바 돈오(頓悟)라고 한다.

이것 때문에 자신이 퇴굴심을 내지 않아야 한다.

그리하여 여시(如是)하게 말하기를, 본래무일물(本來無一物)이
라고 한 것이다.

깨달음으로 망념(妄念)의 습기를 단절시키는 것으로 인하여 범
부를 전환시켜서 성자(聖者)가 되게 하다는 것을 점수(漸修)라고
한다.

이것 때문에 자신을 높이지 않아야 한다는 것이다.

그리하여 여시(如是)하게 말하기를 항상 부지런히 털고 닦아서
번뇌망념의 먼지를 제거하라고 한 것이다.

마음은 다른 것이 아니다. 그러므로 말씀하시기를 망심을 진여의 지혜로 작용하는
것이 부처이니, 만약에 그대의 마음으로 진여의 지혜를 작용시키는 것을 벗어나는
특별한 다른 부처는 없다.)

170) 『육조단경(南宗頓教最上大乘摩訶般若波羅蜜經 六祖惠能大師於韶州大梵寺施法
壇經)』(『大正藏』48, p. 337. 하.) 「身是菩提樹, 心如明鏡臺. 時時勤拂拭. 莫使有
塵矣.(몸은 다름 아닌 깨달음의 나무(菩提樹)요, 마음은 명경의 받침(明鏡臺)과
같네. 때때로 부지런히 털고 닦아서 티끌과 먼지가 묻지 않도록 할지니.)

屈者, 教學者病也. 高者, 禪學者病也. 教學者, 不信禪門, 有悟入之秘訣, 深滯權敎,[171] 別執眞妄. 不修觀行,[172] 數他珍寶, 故自生退屈也. 禪學者, 不信敎門, 有修斷之正路, 染習雖起, 不生慙愧. 果級雖初, 多有法慢, 故發言過高也. 是故得意修心者, 不自屈不自高也.

퇴굴심은 교학자의 병이고 자신을 높여서 교만한 것은 선학자의 병이다.

교학자는 선문(禪門)에 깨달아 체득하는 비결(秘訣)이 있다는 것을 불신(不信)하면서 방편으로 가르치는데 깊이 빠져있어서 진망(眞妄)을 특별히 고집한다.

관행(觀行)으로 수행(修行)을 하지 않으면서 그(他, 부처)의 마니보주만 헤아리기 때문에 자신이 퇴굴심을 내게 된다.

선학자는 교문에서 수행하여 (습기를) 단절하는 바른 방법이 있는 것을 확신하지 않고 염습(染習, 오염된 습기)이 비록 일어날지라도 부끄러운 줄을 모른다.

깨달음의 정도가 비록 초보이면서도 법에 대한 거만한 생각이 많기 때문에 그 말하는 것이 너무 교만하게 되는 것이다.

---

171) 권교(權敎) : 진여의 지혜는 쉽게 알기 어렵기 때문에 일시적인 방편으로 차별법(差別法)의 진실을 설하고 나중에는 진여법의 실상(實相)을 설하신 것이다. 권교(權敎)와 실교(實敎)가 다른 것이 아니다. 권교를 방편설(方便說)이라고 한다.

172) 관행(觀行) : 관은 마음으로 자신을 관조하는 것이고, 행은 관조하여 진여로 행하는 것이다.
『曆代法寶記』卷1(『大正藏』51, 192쪽. 중11.) : 「法離一切觀行, 無念卽無行, 無念卽無觀. 無念卽無身, 無念卽無心.…」
『景德傳燈錄』卷27(『大正藏』51, 432쪽. 중17.) : 「三觀行卽佛者, 旣聞名開解, 要假前之三觀而反源故.」

그러므로 불법(佛法)의 대의(大意)를 체득(體得)하여 수심(修心)하는 이(본래인)는 자신이 퇴굴심을 내지도 않고 자신을 높이지도 않는다.

評曰, 不自屈不自高者, 略擧初心, 因該果海,[173) 則雖 信之一位也. 廣擧菩薩,[174) 果徹因源, 則五十五位[175)也.

평(評)하여 말하기를, "자신이 퇴굴심을 내지 않고 자신이 교만하지도 말아야 한다는 것은 대략 초심(初心, 돈오)을 들어 확인하여(擧) 말하면 인행(因行)에 과해(果海)가 다 갖추어 있다고 곧바로 하더라도 부처의 과위(果位)를 확신하여야 한다.

넓게 자세히 보살도를 들어 확인하여 말하면 과위(果位)[176)를 철저하게 행하는 것은 인행(因行)이 근원이므로 곧 55위가 있는

---

173) 인해과해 과철인원(因該果海 果徹因源) : 『華嚴經金師子章註』卷1(『大正藏』45, 670쪽. 하12.) : 「然三乘之教有次第故, 圓頓之理(詮), 渾融無礙(閡). 一法之上, 了一切法. 一行之中, 具一切行. 因該果海, 果徹因源. 果是卽因之果, 因是卽果之因, 平等無二相也. 經云. 平等眞法界(性), 無佛無衆生矣.(故也又經云能隨杂淨緣道十法界).」
　　『大方廣佛華嚴經隨疏演義鈔』卷1(『大正藏』36, 3쪽. 중15.) : 「若云, 因該果海, 果徹因源, 二互交徹, 則顯深也. 初發心時, 便成正覺, 因該果也. 雖得佛道, 不捨因門, 果徹因也. 上約廣義, 徹果屬果, 該因屬因. 卽明能詮之教, 該徹彼因果也. 今約深釋, 徹果屬因. 以因徹彼果故, 該因屬果. 以果徹彼因故, 卽因果自相, 該徹唯屬所詮, 而其能詮, 具明斯儀. 然因該果海, 果徹因源. 是古人之言, 今欲具含, 深黃之義. 云徹果該因耳.」
174) 보살(菩薩) : 육바라밀을 수행하는 이로서 상구보리 하화중생을 실천하는 이. 진여와 계합하고 진여의 지혜로 생활하는 보살.
175) 오십오위(五十五位) : 乾慧地, 十信, 十住, 十行, 十迴向, 四加行, 十地의 55위. 十信, 十住, 十行, 十迴向, 十地, 자량, 가행, 통달, 수습, 구경위의 55위. 十信, 十住, 十行, 十迴向, 四加行, 十地, 等覺.의 55위 등으로 55위를 조금씩 다르게 설하고 있음.動地, 善彗地, 法雲地.)의 55위.
176) 과위(果位) : 인행(因行)이 성취되어 증득하는 불과(佛果)의 지위.

것을 말하는 것이다.” 라고 했다.

〔頓悟〕

28. 철저하게 확신해야 함

迷心修道, 但助無明.[177]

미혹한 마음으로 수행(修行)하여 도(道)를 행한다고 하는 것은 단지 무명(無明)만 키우는 것이다.

【解】

悟若未徹, 修豈稱眞哉. 悟修之義, 如膏明相賴, 目足相資.[178]

---

177)『大方廣圓覺修多羅了義經略疏』卷2(『大正藏』39, p. 564. 중22.) :「爲憎愛心 養無明故, 雙指上二, 唯滋無明. 故知迷心修道, 縱令勤苦, 種種行門, 但助無明, 何成佛果.」(증애(憎愛)하는 마음을 만드는 것이 무명을 키우는 것이므로 증애의 두 가지를 가리켜서 오로지 무명을 증장시킨다고(滋)하는 것이다. 그러므로 미혹한 마음으로 수행하면 부지런하게 고생하며(勤苦) 각각의 수행을 하여도 무명만 키울 뿐이므로 어떻게 불과를 이루겠는가?)

178)『慈悲道場水懺法隨聞錄』卷3(『卍續藏』74, p. 707. 상7.) :「故繼之以, 文殊師利, 縱有智慧, 不有大行餝之, 如有目無足, 堪濟何事. 故繼之以, 普賢大行, 則目足相資, 膏明互賴, 自然具足, 廣大德用, 擧足動步, 摧破魔窟.」(그러므로 계승하기를 문수사리는 지혜(智慧)를 쫓는 것(縱)이니 대행을 갖추고 있는 것이 아니라서 안목은 있으나 무족(無足)이므로 감히 어찌 일대사로 구제(濟)하겠는가? 그러므로 계승(繼)하여 말하면 보현의 대행은 안목과 행이 서로 의지해야 되는 것으로 고명(膏明)이 서로 의지하는 것과 같이 자연히 구족되어 광대한 덕용이 있어 발을 들어 움직이며 걸으면 마굴(魔窟)을 꺾어 파괴하게 되는 것이다.)

『佛果克勤禪師心要』卷2(『卍續藏』69, p. 474. 중13.) :「窠云, 三歲孩兒雖道得, 八十老翁行不得. 故應探過正 要修行 如目足相資. 若能不作諸惡 精修衆善. 只持五戒 十善之人 亦可以不淪墜.」(과(窠)가 말하기를, 세 살짜리 아이라 할지라도 도(道)를 알 수 있지만 80세 된 노인도 도를 체득하여 행하기는 어렵다. 그러므로 허물을 찾아 바른 수행을 필요로 하는 것이 안목과 행동이 서로 의지해야하는 것과 같다. 만약에 능히 모든 악을 짓지 않으면 정밀하게 말하면 많은 선(善)으로 수행하는 것이다. 단지 오계만 수지하여도 십선을 행하는 사람이 되는 것이고 역시 지옥에 떨어지지 않게 된다.)

깨달음이 만약에 철저하지 못하면 수행이 어찌 진실하다고 말할 수 있겠는가?

깨달음과 수행이라는 것은 고유(膏油, 기름)와 등명(燈明, 등불)과 같아서 서로 같이 하여야 등불이 되는 것과 같고, 눈과 발이 서로 도와야 하는 것과 같다.179)

〔迷心修道〕

---

179) 『摩訶止觀』卷5(『大正藏』46, p.48. 하29.) : 「膏明相賴, 目足更資.」; 『地藏本願經綸貫』卷1(『卍續藏』21, p. 644, 하6.) : 「如膏明相賴, 目足交資.」(기름과 등불이 서로 의지하는 것과 같이 눈과 발이 서로 돕는 것과 같다.)

29. 수행의 요지

修行之要, 但盡凡情, 別無聖解.[180].

수행(修行)의 요지(要旨)는 단지 범부라는 중생심을 없애는 것이 지 특별히 성자(聖者)라는 견해를 추구하는 것은 아니다.

【해解】

病盡藥除, 還是本人.[181]

병이 없어지고 약까지 쓰지 않는다면 본래의 그 사람이 되는 것이다.

---

180) 『景德傳燈錄』卷14(『大正藏』51, p.313. 중24.) : 「任性逍遙, 隨緣放曠, 但盡凡 心, 無別勝解.」(본성으로 임운자재하면 인연에 따라 진여의 지혜로 생활(放曠)하 는 것이다. 단지 범심(凡心)을 모두 없애는 것이고 특별히 승해(勝解)를 추구하는 것은 없다.) ; 『五燈會元』卷7(『卍續藏』80, p.142. 상22.) : 「但盡凡心, 別無聖 解.」

181) 『大慧普覺禪師語錄』卷25(『大正藏』47, p.916. 하19.) : 「過去現在未來皆悉是 幻, 今日知非, 則以幻藥 復治幻病. 病瘥藥除, 依前只是舊時人.」(과거, 현재, 미래가 모두 환(幻)이므로 금일 약약(幻藥)으로 다시 환병(幻病)치료하는 것이 아니라는 것을 아는 것이다. 병이 나으면 약이 필요 없는 것이므로 이 말에 의하면 단지 본래인이 되는 것이다.) ; 『注肇論疏』卷4(『卍續藏』54, p.191. 중5.) : 「此如病盡藥除之義, 離四句, 絕百非. 曰眞般若也.」(이것은 병이 없어지 면 약도 필요 없다는 뜻으로 사구백비를 초월하는 진실한 반야를 실천하는 것을 말한다.)

30. 의심즉차(擬心卽差)

不用捨衆生心, 但莫染汚自性. 求正法是邪.[182]

중생심을 버리려고 하지 말고 단지 자성(自性)을 오염되지 않게
해야 한다.
정법(正法)도 추구하게 되면 외도(外道, 邪道)가 된다.

【해解】

捨者求者, 皆是染汚也.[183]

---

[182] 『景德傳燈錄』卷28(『大正藏』51, p. 443. 상11.) : 「有行者問云, 何得住正法. 師
曰, 求住正法者是邪, 何以故, 法無邪正故. 曰云, 何得作佛去. 師曰, 不用捨衆生
心, 但莫汚染自性. 經云, 心佛及衆生是三無差別.」(어느 행자가 물었다. 어떻게
해야 불법(佛法)에 맞게 살 수 있습니까? 조사께서 말씀하셨다. 불법(佛法)에
맞게 살기를 추구하면 어긋난다.(邪) 왜냐하면 불법(佛法)에는 사(邪)와 정(正)이
없기 때문이다. 행자가 물었다. 어찌해야 부처가 되겠습니까? 조사께서 말씀하
셨다. 중생심을 버리려고 하지 말고 단지 자성(自性)을 오염시키지 말아야 한다.
경에 말하기를, 마음과 부처와 중생 이 세 가지는 차별이 없다.)

[183] 『天聖廣燈錄』卷8(『卍續藏』78, p. 449. 하6.) : 「百丈問, 如何是佛旨趣. 師云,
正是汝放身命處. 師示衆云, 道不用修, 但莫汚染. 何爲汚染, 但有生死心, 造作趣
向, 皆是染汚. 若欲直會其道, 平常心是道. 何謂平常心, 無造作, 無是非, 無取捨,
無斷常, 無凡聖. 故經云, 非凡夫行, 非聖賢行, 是菩薩行, 祇如今行住坐臥, 應機
接物盡是道, 今卽是法界.」(백장이 묻기를, 어떻게 해야 부처의 종지(宗旨)를
취향(趣向)할 수 있습니까? 선사가 대답했다. 바로 그것이 그대가 신명을 놓는
곳이다. 선사께서 시중하여 말씀하시기를, 도는 수행을 필요로 하지 않고 단지
오염시키지 말아야 한다. 무엇을 오염이라 하는가하면 단지 생사심이 있는
것이고, 조작으로 취향(趣向)하는 것은 모두 오염이다. 만약에 그 도(道)를 바로
깨닫고자 하면 평상심이 바로 도이다. 무엇을 평상심이라 하는 가하면 조작이
없는 것이고, 시비(是非), 취사(取捨), 단상(斷常), 범성(凡聖)의 차별이 없는
것이다. 그러므로 경에 말하기를 범부(凡夫)행을 초월해야하고, 성현(聖賢)의

(중생심을) 버리려고 하는 사람이나, (정법을) 추구하는 사람도 모두가 망념(妄念)으로 오염(汚染)되는 것이다.

〔擬心卽差〕

행도 초월한 것을 보살행이라고 하는 것으로 단지 지금 여시하게 행주좌와하며 중생심의 제접(提接)이 다하고 진여의 지혜로 응하며 생활하는 것이 도(道)로서 그것이 지금 바로 법계와 하나 되어야 한다.)

31. 위대한 열반

斷煩惱, 名二乘, 煩惱不生, 名大涅槃.[184]

번뇌를 단절시켜서 깨달음에 이르는 것을 이승(二乘, 성문연각, 의식의 대상경계가 있는 것. 능소가 있음)이라고 말하는 것이고, 번뇌가 일어나지 않는 것을 대열반이라고 말한다.

【解解】

斷者能所[185]也. 不生者, 無能所也.

(번뇌를) 끊는다는 것은 주체와 객체(能所, 능소)가 있는 것이고, (번뇌가) 일어나지 않는 다는 것(不生, 불생)은 주체와 객체(能所)가 없는 것이다.

※ 의식의 대상경계가 성(性)이 되는 경계지성(境界之性), 일행삼매가 되는 것을 불생불멸(不生不滅)이라고 함. 즉 청정하여 차별

---

184) 『景德傳燈錄』卷5(『大正藏』51, p.244. 중18.) : 「曰. 豈不斷耶. 師曰. 斷煩惱者, 卽名二乘. 煩惱不生, 名大涅槃.」(물었다. 어찌 번뇌를 끊지 않을 수 있습니까? 선사께서 대답했다. 번뇌를 끊는다는 것은 이승(二乘)이고 번뇌가 일어나지 않는 것이 열반이다.) ; 열반(涅槃): 멸(滅), 적멸(寂滅), 멸도(滅度), 원적(圓寂), 안락(安樂), 해탈(解脫) 등이라 한다. 번뇌 망념이 일어나고 멸함이 없는 적정의 경지를 말한다.
185) 능소(能所) : 의식의 대상경계를 의식하는 사람과 대상경계를 능소(能所), 주객(主客)으로 비유한 것.

분별이 없는 경지를 자각하여 여시하게 자신이 알고 실천하면
주객의 차별이 없는 진여의 지혜가 발현된다.

〔大涅槃〕

32. 회광반조(廻光返照)

須虛懷自照, 信一念緣起無生.[186]

반드시 자신의 중생심인 마음도 허공과 같다는 것을 깨달아 알고 자신이 스스로 회광반조(廻光返照)하여야 일념(一念, 진여의 지혜)의 연(緣, 의식의 대상경계)이 일어나는 것도 무생(無生, 망념이 없는 것)이라고 확신하게 된다.

【해解】

此單明性起.[187]

이것은 다만 본성(本性)에서 일념(一念)이 일어나는 것도 (무생(無生)이라고) 분명하게 밝힌 것이다.

※ 본성은 차별분별을 벗어난 허공과 같이 청정한 것이고 상은

---

186) 『鎭州臨濟慧照禪師語錄』卷1(『大正藏』47, p. 502. 하20.) : 「道流, 莫向文字中求. 心動疲勞, 吸冷氣無益. 不如一念 緣起無生, 超出三乘 權學菩薩.」(수행자들이여, 언어문자로서 진실을 구하려고 하지 말아야 하는데 문자로 구하면 망념이 움직이게 되어 피로하게 되고, 망념의 냉기를 호흡하게 되어 아무런 이익이 없는 것으로 하나의 망념이 무생(無生)으로 일어나는 것을 아는 것보다 못하다. 삼승으로 언어문자의 방편법문을 배우는 보살을 초월해야 하는 것이다.)
　　『景德傳燈錄』卷24(『大正藏』51, p. 398. 하20.) : 「不如一念 緣起無生.」(하나의 망념이 무생(無生)으로 일어나는 것을 아는 것만 못하다.)
187) 『華嚴經內章門等雜孔目章』卷4「性起品明性起章」(『大正藏』45, 580쪽. 하4.):

성의 작용이다. 그러므로 본성으로 여시하게 생활하는 것(相)이
니, 지혜라고 하는 것도 망념(妄念)이 되는 것을 확신하면 망념이
없는 무생(無生)은 몰종적의 삶이 된다.

〔廻光返照〕

33. 항상 진제(眞諦)로 관조해야 함

諦觀殺盜婬[188]妄, 從一心上起, 當處便寂, 何須更斷.[189]

살생, 도둑질, 음행, 거짓말하는 것도 일심(一心, 妄心)상에서 일어나는 것을 제관(諦觀)[190]하면 그 일어나는 당처(當處)가 바로 열반적정이 되는 것인데 무엇을 반드시 다시 끊어야할 필요가 있겠는가?

【해解】

此雙明性相.[191]

이것은 성상(性相)을 함께 밝힌 것이다.

---

188) 『선가귀감』(『불교전서』7, p. 638. 3단 18.)에는 '婬'이 '淫'으로 되어 있고『선가귀감』(『卍續藏』63, p.740. 중1.)에는 '婬'으로 되어 있음.
189) 『宗鏡錄』卷18(『大正藏』48, p. 511. 하14.) : 「但諦觀殺盜婬妄, 從一心上起, 當處便寂, 何須更斷. 是以但了一心, 自然萬境如幻.」(단지 살생, 도둑질, 음행, 거짓말하는 것이 일심(一心, 妄念)상에서 일어나는 것을 제관(諦觀)하면 그 일어나는 당처(當處)가 바로 열반적정인데 무엇을 반드시 다시 끊어야 하겠는가? 그러므로 단지 일심을 요달하면 자연히 만경(萬境)이 환과 같은 것이다.)
190) 제관(諦觀) : 진제(眞諦)로 관조하는 것. 부처의 입장에서 관조하는 것. 즉 부처의 눈에는 모든 것이 부처로 보이는 것이고 중생의 입장에서 보면 모두가 중생이 되고 도둑이나 살인자등의 입장에서 보면 모든 것이 자기와 같이 보이는 것을 진여로 돌아가게 관조하는 것을 수행이라고 한다.
191) 『楞嚴經正脈(脉)疏』卷1(『卍續藏』12, 187쪽. 중22.) : 「又復雙明性相, 見空與不空, 二俱無礙, 而圓彰三藏之 全體大用. 然後 知一切事究竟, 堅固之定體. 本自圓成徹法源, 不動不壞之楞嚴, 非由造作...」

經云, 不起一念, 名爲永斷無明.192) 又云, 念起卽覺.193)

---

192) 여기에서 말하는 경이 어느 경전인지 알 수는 없다. 다른 경전에서 인용한 것으로
　　보여 진다.
　　『法華經大窾』卷5(『卍續藏』31, p. 782. 중1.) :「以正憶念者, 以, 用也. 正憶念者,
　　不起一念, 名正憶念.」(올바른 억념(憶念)이라는 것은 지혜작용이다. 올바른 억념
　　(憶念)이라는 것은 하나의 망념도 일어나지 않는 것을 바른 억념이라고 한다.)
　　『起信論續疏』卷2(『卍續藏』45, p. 432. 상12.) :「正念眞如者, 不起一念, 名正念眞
　　如.」(정념(正念)진여(眞如)라는 것은 일념(一念)이 일어나지 않는 것을 정념(正
　　念)진여(眞如)라고 한다.)
　　『圓悟佛果禪師語錄』卷16(『大正藏』47, p. 786. 하7.) :「不起一念, 頓成正覺.」(일
　　념이 일어나지 않는 것이 바로 정각을 이루는 것이다.)
　　『法華經大窾』卷5(『卍續藏』31, p. 782. 중1.) :「正憶念者, 不起一念, 名正憶念」(바
　　른 억념(憶念)이라는 것은 일념이 일어나지 않는 것을 이름하여 바른 억념(憶念)이
　　라고 한다.)
　　『起信論續疏』卷2(『卍續藏』45, p. 432. 상12.) :「故曰直心, 正念眞如者, 不起一
　　念, 名正念眞如. 暫起一念, 便邪了也. 曲了也. 落路落草也. 此直心, 是二行之本.」
　　(그러므로 말하기를 직심(直心)인 정념진여라는 것은 일념이 일어나지 않는 것을
　　정념진여라고 하는 것이다. 홀연히 일념이 일어나면 바로 어긋난 것이고 왜곡된
　　것이고 노지에서 망념에 떨어진 것이다. 이 직심이 바로 이 두 가지 행(行)의
　　근본이다.)
193) 『顯密圓通成佛心要集』卷1(『大正藏』46, p. 992. 상12.) :「二者若念起時 但起覺
　　心. 故七祖云, 念起卽覺, 覺之卽無. 修行妙門, 唯在於此. 卽此覺心, 便名爲觀
　　此亦雖起覺心 本無起覺之相.(此門行者一切時中, 心念若起 但起覺心, 便是修行
　　要妙之門.)」(두 번째로 만약에 망념이 일어나면 단지 자각하는 마음을 일으켜야
　　한다. 그러므로 7조가 말하기를 망념이 일어나는 것을 바로 자각하여야하고,
　　망념이라는 사실을 자각하면 바로 망념은 없는 것이다. 수행의 미묘한 방편
　　법문(妙門)은 오직 이곳에 있다. 즉 이것이 마음을 자각하는 것으로 바로 관(觀)이
　　라고 한다. 이것 역시 마음을 일으켜 깨닫는 것이라고 하더라도 근본적으로는
　　깨달음을 일으킨다는 의식의 대상경계(相)는 없다.(이 법문의 수행자는 항상
　　마음에 망념이 일어나면 단지 마음을 일으켜 깨달아야 하는 것으로 바로 이것이
　　수행의 미묘한 방편법문이다.)
　　『禪源諸詮集都序』卷1(『大正藏』48, p. 403. 상4.):「覺諸相空, 心自無念, 念起卽覺,
　　覺之卽無, 修行妙門, 唯在此也.」(모든 상이 공이라는 것을 자각하면 마음에는
　　망념이 없는 것이므로 망념이 일어나는 것을 바로 자각하여야하고, 망념이라는
　　사실을 자각하면 바로 망념은 없는 것이다 수행의 묘문은 오직 이곳에 있는
　　것이다.)
　　『宗鏡錄』卷34(『大正藏』48, p. 614. 중18.) :「覺諸相空, 心自無念, 念起卽覺, 覺之
　　卽無, 修行妙門, 唯在此也.」(모든 상(相)이 공이라는 것을 자각하면 마음에는
　　망념이 없는 것이므로 망념이 일어나는 것을 바로 자각하여야하고, 망념이라는
　　사실을 자각하면 바로 망념은 없는 것이라는 것을 아는 수행의 묘문이 오로지

경에 말하기를, '하나의 망념(妄念)도 일어나지 않는 것을 이름하여 무명(無明)을 영원히 단절하는 것이다.' 라고 하고 있다. 또 말하기를, '망념(妄念)이 일어나는 것을 자각(自覺)하는 것이다.' 라고 하고 있다.

〔諦觀〕

이곳에 있는 것이다.)

34. 진여의 지혜로 염기즉각(念起卽覺)

知幻[194])卽離, 不作方便, 離幻卽覺, 亦無漸次.[195]

망심(妄心)이 환인 줄 알면 곧 초월하여 벗어난 것이므로 방편을 사용할 필요가 없는 것이고, 망심(妄心)이 환(幻)이라는 것을 알고 초월하여 벗어나면 곧바로 지혜로 자각(自覺)하게 된다.

그러므로 역시 점차(漸次)가 없다고 하는 것이다.

【해解】

心爲幻師也, 身爲幻城也. 世界幻衣也, 名相幻食也. 至於起心動念,[196] 言妄言眞, 無非幻也.[197] 又無始幻無明, 皆從覺心生.

---

194) 환(幻) : 공안화(空眼花), 공화(空花). 무명(無明)은 실상자체(實相自體)에 망념이 있으므로 수시로 변하게 되어 환상과 같다고 한다. 의식의 대상경계가 성(性)이 되어야 실상이 환화가 되는 것이다.

195) 『大方廣圓覺修多羅了義經』卷1(『大正藏』17, p. 914. 상20.) : 「知幻卽離, 不作方便, 離幻卽覺. 亦無漸次. 一切菩薩 及末世衆生, 依此修行, 如是乃能 永離者幻.」 (망심이 환인 줄 알면 곧 초월한 것이므로 방편을 사용할 필요가 없는 것이고, 망심이 환이라는 것을 알고 초월하면 곧바로 자각이다. 그러므로 역시 점차(漸次)가 없다. 일체의 보살과 말세중생들이 이것에 의하여 여시(如是)하게 수행하면 이내 능(能)하게 되어 영원히 모든 환(幻)을 초월하게 된다.)

196) 『黃檗斷際禪師宛陵錄』卷1(『大正藏』48, 385쪽. 하7.) : 「爲汝起心作佛見, 便謂有佛可成 作衆生見.. 便謂有衆生可度, 起心動念, 總是汝見處.」 (그대가 마음을 내어 불견(佛見)을 지으면 바로 부처가 있다고 하는 것이 되어 중생이라는 견해로 조작하는 것이 된다. 바로 중생을 가히 제도해야 한다고 말하는 것이므로 깨달으려고 하는 마음을 일으키면 망념이 발동하는 것 모두가 그대의 견처가 되는 것이다.)

『黃檗斷際禪師宛陵錄』卷1(『大正藏』48, 386쪽. 상16.) : 「若爲汝起心動念 學得他

幻幻如空花, 幻滅名不動. 故夢瘡求醫者, 寤來無方便. 知幻者,
亦如是.

  마음은 환사(幻師, 환술사, 마술사)를 말하는 것이고, 몸은 환
(幻)의 성(城)을 말한다.
  세계는 환(幻)의 의복이며, 명상(名相)은 환(幻)의 음식이다.
  깨달으려고 하는 마음을 일으키면 망념(妄念)이 움직이게 되는
것으로, 말을 하면 거짓을 말해도 진실을 말해도 모두 환상이 아닌
것이 없게 된다.
  또 시작도 없는 환상(幻相)같은 무명(無明)은 모두가 자각하고자
하는 망심(妄心)에서 나오는 것이다.
  모든 환상(幻相)은 공화(空花)와 같은 망념(妄念)인 것이니,
  환상(幻相)인 망념(妄念)이 소멸하는 것을 이름 하여 부동지(不
動地)198)라고 한다.
  그러므로 꿈속에서 창병(瘡病)이 나서 의사를 찾던 사람이,
  잠에서 깨어나면 (의사를 찾고자 하는) 방편도 필요 없게 되는

    見解, 不是自悟本心, 究竟無益.」(만약에 그대가 깨달으려고 하는 마음을 일으키
    면 망념이 발동하게 되니, 그(본래인)의 견해를 배워서 체득하려고 하는 것이
    되면 자신의 본심을 깨닫게 되는 것은 아니므로 구경(究竟)에는 아무런 이익이
    없게(無益) 된다.)
197) 『大方廣圓覺修多羅了義經略疏』卷1(『大正藏』39, 538쪽. 중9.) : 「說無覺者, 亦
    復如是. 若謂二覺, 俱無即名眞者. 此意居然如幻, 擧要而言, 起心動念, 言妄言
    眞, 無非幻也.」
    『圓覺經精解評林』卷1(『卍續藏』10, 577쪽. 하8.) : 「若起此心, 起則如幻. 若謂一
    覺俱無, 即名眞者. 此意居然如幻, 擧蟇(遷遷要)而言. 起心動念, 言妄言眞, 無非幻
    也. 若泯絶無號, 分別不生. 圓覺眞心, 自然顯現, 元無幻化. 故言不動.」
198) 부동지(不動地) : 불지(佛地)와 같음. 부동(不動)의 경지는 진망을 초월한 경지이므
    로 주체와 의식의 대상이 끊어진 경지를 말한다.

것이다.

　모든 것이 환상(幻相)인 줄을 깨닫게 되면 또한 이와 같이 여시(如是)하게 된다.

〔空花〕

118

35. 망념을 제거하면 누구나 출세하신 부처

衆生於無生中妄見, 生死涅槃, 如見空花起滅.[199]

중생(衆生)이 처음부터 망념(妄念)이 없는 무생(無生, 번뇌망념
이 없는 세계, 여래의 경지, 진여의 지혜, 空의 경지 속에서 망견(妄
見)을 내어서 생사(生死)와 열반(涅槃)이 있다고 망견(妄見, 차별
분별)하는 것은 공화(空花)가 일어나고 사라지는 것을 보는 것과
같다.

【解】

性本無生, 故無生涅也. 空本無花, 故無起滅也. 見生死者, 如見
空花起也. 見涅槃者, 如見空花滅也. 然起本無起, 滅本無滅, 於此
二見, 不用窮詰. 是故思益經[200]云, 諸佛出世, 非爲度衆生, 只爲
度生死涅槃二見耳.[201]

---

199) 『大方廣圓覺修多羅了義經』卷1(『大正藏』17, 913쪽. 하2.) : 「一切衆生, 於無生
中, 妄見生滅. 是故說名輪轉生死.」(일체중생은 무생(無生)중에서 생멸(生滅)을
망견(妄見)한다. 그러므로 생사에 윤회한다고 말한다.)
　　『宗範』卷1(『卍續藏』65, 314쪽. 상16.)
　　『圓覺經夾頌集解講義』卷4(『卍續藏』10, 286쪽. 하4.)
200) 사익경(思益經) : 『思益梵天所問經』1 (『大正藏』15, 33–61쪽.) 의 약칭으로 4권
18품으로 되어 있고 요진(姚秦), 구마라습(鳩摩羅什)이 번역한 것이다.
201) 『思益梵天所問經』1 (『大正藏』15, 36쪽. 하11.) 「佛不令衆生 出生死入涅槃. 但爲
度妄想分別 生死涅槃二相者耳. 此中實無 度生死 至涅槃者. 所以者何? 諸法平
等, 無有往來, 無出生死, 無入涅槃.」(부처가 (다른) 중생을 생사(生死)에서 벗어
나게 하여 열반에 들게 하는 것이 아니다. 단지 (자신의) 망상분별, 생사열반의

본성(本性)은 근본적으로 무생(無生)이므로 생사(生死)와 열반(涅槃)이라는 망념(妄念)이 없다.

허공(虛空)에는 본래부터 공화(空花)가 없는 것이므로 (공화(空花)가) 생겨나고 사라지는 것이 없다.

번뇌망념인 생사(生死)를 본다는 것은 공화(空花)가 일어나는 것을 보는 것과 같고, 열반(涅槃)을 본다는 것도 공화(空花)가 사라지는 것을 보는 것과 같다.

그러므로 일어나는 것도 근본적으로는 (망념(妄念)이) 일어나는 것이 없는 것(無生)이고, 사라진다는 것도 근본적으로는 사라지는 것이 없는 것(無滅)이므로 이와 같은 차별분별의 견해로는 더 이상 추궁하여 따질 필요가 없다.

그러므로 『사익경(思益經)』에 말하기를, '제불(諸佛)이 출세(出世)한 것은 다른 중생을 제도하는 것이 아니고 단지 망념(妄念)으로 생사(生死)와 열반(涅槃)이라는 차별분별의 견해를 일으킨 것만을 제도(濟度)하는 것이다.' 라고 설하고 있다.

차별상만 제도하는 것이다. 이것은 부처가 중생을 생사에서 제도하여 열반에 도달하게 하는 것은 실제로 없다는 뜻이다. 왜냐하면 제법은 평등하므로 왕래가 없는 것이고, 생사에서 벗어나는 것이 없으므로 열반을 체득하는 것도 없다.)

36. 보살이 수행하는 법

菩薩度衆生, 入滅度, 又實無衆生, 得滅度.[202]

보살(菩薩)은 (자신의) 중생(衆生)을 제도(濟度)하여 열반(涅槃)을 체득했다고 하고 또 (보살이) 실제로 중생(衆生)들을 대상으로 보는 것이 없는 것을 열반(涅槃)을 체득했다고 하는 것이다.

※ 불성본래청정(佛性本來淸淨)

【해解】

菩薩只以念念, 爲衆生也. 了念體空者, 度衆生也. 念旣空寂者, 實無衆生, 得滅度也.[203] 此上論信解.

보살은 단지 생각 생각마다 항상 중생(衆生)제도를 위하여 설하고 있다.

망념(妄念)의 본체(本體)가 공(空)하다는 것을 요달(了達)하는

---

202) 『金剛般若波羅蜜經』卷1(『大正藏』8, 749쪽. 상5.) : 「佛告須菩提 : 「諸菩薩摩訶薩應如是降伏其心 :『所有一切衆生之類,　若卵生、若胎生、若濕生、若化生、若有色、若無色, 若有想、若無想、若非有想非無想, 我皆令入無餘涅槃而滅度之.』如是滅度無量無數無邊衆生, 實無衆生得滅度者, 何以故？須菩提！若菩薩有我相, 人相, 衆生相, 壽者相, 卽非菩薩.」

203) 『圓覺經大疏釋義鈔』卷12(『卍續藏』9, 735쪽. 하10.) : 「實無衆生, 得滅度義, 有其五種. 一性空故, 二同無故, 謂菩薩想本智, 離我見, 無自想, 後得智. 得同體大悲, 離自身外, 無別衆生. 卽無他想, 故無衆生, 得滅度矣.」

것이 곧 중생(衆生)을 제도(濟度)하는 것이다.

　　망념(妄念)이 이미 공적(空寂)하다는 것은 실제로 대상으로 보는 중생(衆生)이 없으므로 열반(涅槃)을 체득했다고 하는 것이다.

　　이상까지는 신해(信解, 확신과 깨달음)에 대하여 논한 것이다.

〔了念體空〕

37. 진공묘유(眞空妙有, 무실무허無實無虛)

理雖頓悟, 事非頓除.204)

　진여(眞如)로 비록 돈오(頓悟)를 할지라도, 실제(事)로 여시(如是)한 삶을 살아가는 것은 돈오(頓悟)했다는 사실 조차도 버리고(除) 초월하여 생활해야 하는 것이다.

【해解】

　文殊205)達天眞, 普賢明緣起.206) 解似電光, 行同窮子.207) 此下論修證.

　문수보살은 천진면목(天眞面目)을 통달한 것이고(眞空), 보현

---

204)『大佛頂如來密因修證了義諸菩薩萬行首楞嚴經』卷10(『大正藏』19, 155쪽. 상8.):「理則頓悟乘悟併銷, 事非頓除因次第盡.」
　　『大慧普覺禪師法語』卷22(『大正藏』47, 903쪽. 중.):「理則頓悟, 乘悟併銷, 事非頓除, 因次第盡.」(진여로 돈오(頓悟)하여 깨달으면 (망념은) 모두 없어지는 것이고, 여시한 삶을 살아가는 것(事)은 돈오(頓悟)했다는 사실 조차도 제거(除)하고 그것을 초월해야 하므로 차제라는 인(因)이 다해야 하는 것이다.)
205) 문수보현(文殊普賢) : 문수보살은 지혜(智慧)를 말하는 것으로 진여의 지혜이고 보현보살은 진여의 지혜로 생활하는 것이다.
206) 연기(緣起) : 여기에서 연기는 의식의 대상경계가 진여와 하나 되어 지혜로 생활하는 것이며 진공묘유를 말한다.
207)『妙法蓮華經』卷2「妙法蓮華經信解品第四」(『大正藏』9, 16쪽. 중7.)
　　『大方廣圓覺修多羅了義經略疏』卷1(『大正藏』39, 537쪽. 상13.):「謂初觀一體雖覺全眞, 後遇八風紛然起妄, 行如窮子, 解似電光.」
　　『圓覺經要解』卷1(『卍續藏』10, 547쪽. 하5.)
　　『圓覺經精解評林』卷1(『卍續藏』10, 577쪽. 상24.)

보살은 연기법(緣起法)을 분명하게 실천하는 것(妙有)이다.

　깨달음은 전광석화와 같이 조금의 망념도 용납하지 않는 것이고 (眞空), 행화(行化)는 궁자(窮子, 잃어버린 가난한 자신의 아기)를 대하는 것과 같이 차별분별이 없게 대하여야 한다.(妙有)

　이 아래는 수증(修證, 수행과 증득)을 논한 것이다.

〔眞空妙有〕

124

38. 대승을 실천하는 조사(祖師)

帶婬修禪, 如蒸沙作飯. 帶殺修禪, 如塞耳叫聲. 帶偸修禪, 如漏
巵求滿. 帶妄修禪, 如刻糞爲香. 縱有多智, 皆成魔道.[208]

음란한 마음을 가지고 참선(參禪)하는 것은 모래를 쪄서 밥을
짓는 것과 같고,
※ 조작하는 마음을 없애고 여시한 삶을 살아가려고 다시 조작을
하는 것.

살생하는 마음을 가지고 참선(參禪)하는 것은 귀를 막고 소리를
지르며 소리를 들으라고 하는 것과 같으며,
※ 자신은 화합하여 함께하려고 하지 않으면서 여시한 생활을 하는
부처의 삶을 살아가라고 타인에게는 소리를 지르며 설법하는
것.

도둑질하는 마음을 가지고(帶, 허리에 차고) 참선(參禪)하는
것은 깨어진 그릇에 가득 채우려는 것과 같고,

---

208) 『大佛頂萬行首楞嚴經』卷6(『大正藏』19, pp.131하.-132하.)
　　『卽非禪師全錄』卷7(『嘉興藏』38, 663쪽. 중10.) : 「妄而欲求道猶如蒸少作飯經無
　　　量劫 終不能成佛 言不信何言可信思之戒之.」
　　『楞嚴經講錄』卷6(『卍續藏』15, 91쪽. 상20.) : 「此申釋帶婬修行者, 以顯決定斷婬,
　　　方可望菩提果也. 先喻後法, 如蒸砂下, 以喻明帶婬修行, 枉勞功力也.」
　　『楞嚴經寶鏡疏』卷6(『卍續藏』16, 559쪽. 중3.)
　　『楞嚴經指掌疏』卷6(『卍續藏』16, 213쪽. 상3.)
　　『大佛頂如來密因修證了義諸菩薩萬行首楞嚴經』卷6(『大正藏』19, 945쪽. 하16.) :
　　　「第四決定淸淨明誨. 是故阿難若不斷其大妄語者, 如刻人糞爲栴檀形, 欲求香氣
　　　無有是處, 我教比丘直心道場.」

※ 남의 지식을 얻어듣고 기억하여 가지고는 자신이 여시한 삶을
  살아가는 지혜를 가진 것처럼 수행한다고 하면 자신의 복덕의
  그릇은 항상 비어있게 되는 것.

  거짓말하면서 참선하는 것은 인분으로 향을 만들려는 것과 같으
니,
※ 여시한 삶을 살아가야하는 참선 수행자들이 참선을 하며 자신이
  구업(口業)을 지으면서 타인을 제도(濟度)한다고 하고 있으면
  아무리 수행하여도 냄새가 나게 된다고 하는 것.

  비록 많은 지혜를 자유롭게 사용하고 있더라도 모두가 마도(魔
道, 외도)가 되는 것이다.

【解】

   此明修行軌則, 三無漏學[209]也. 小乘稟法爲戒, 粗治其末. 大乘

---

209) 삼무루학(三無漏學) : 『楞嚴經要解』卷12(『卍續藏』11, 838쪽. 하14.) : 「法戒則
   無犯而已, 心戒則無思犯也. 夫能攝心, 則定由是生. 慧由是發. 三者圓明, 則諸漏
   永盡. 故名三無漏學.」망념이 나지 못하도록 하는 것을 계율(戒律)과 선정(禪定)과
   지혜(智慧)라고 하는 삼학(三學, 계정혜)이 원명(圓明)하여야 모든 망념이 다한다
   는 것이다.
   『南宗頓敎最上大乘摩訶般若波羅蜜經六祖惠能大師於韶州大梵寺施法壇經』卷1
   (『大正藏』48, 342쪽. 중25.) : 「心地無疑非(是)自性戒, 心地無亂是自性定, 心地
   無癡自性是惠.」(심지(心地)에 망심이라는 의심을 없게 하는 것을 자성의 계라고
   하고, 심지(心地)에는 망심으로 산란함이 없는 것(無亂)을 자성의 정(定)이라
   하고, 심지(心地)에 어리석음이 없음을 아는 것을 자성의 지혜(慧)라고 한다.)
   『佛祖歷代通載』卷14(『大正藏』49, 600쪽. 중12.) : 「無住曰, 無憶名戒, 無念名定,

攝心爲戒, 細絶基本. 然則法戒, 無身犯, 心戒, 無思犯也.[210] 婬者,
斷淸淨, 殺者, 斷慈悲, 盜者, 斷福德, 妄者, 斷眞實也.

　　이것은 수행하는 법칙(철칙)을 삼학(三學, 계정혜)으로 업장을
소멸하게 하는 무루(無漏)를 배워 익히게(學) 하려고 분명하게
밝힌 것이다.

　　소승(小乘)은 법을 받아서 아주 정확하게 지키는 것을 계율로
삼기 때문에 대체적으로 그의 행동(末, 지엽, 결과, 형태)을 정확히
다스리게 되고,

　　대승은 마음을 섭심(攝心, 일념으로 마음이 산란하게 되는 것을
막는 방법)하는 것을 계율로 삼기 때문에 자세하게 그 근본이 되는
(자신의 망념인 의식의 경계가 진여와 하나 되는 것이므로) 마음으
로 망념을 끊는 수행을 한다고 하는 것이다.

　　그러므로 소승법으로 지키는 계율은 자신의 언행(言行)으로 범
하는 일이 없게 되는 것이고, 섭심(攝心, 일념으로 마음을 산란하게
하지 않는 방법)으로 계를 삼는 대승의 계(戒)에서는 생각으로
계를 범하는 일까지도 없게 되는 것이다.

　　음란한 것은 청정한 성품을 끊는 것이고, 살생하는 것은 자비로
화합하는 마음을 끊는 것이고, 도둑질하는 것은 자신의 복덕(福德)

　　　無妄名慧. 然一心不生, 則具戒定惠, 非一非三也.」무억(無憶, 청정한 본연의 경지
　　　가 되게 하는 것), 무념(無念, 차별분별이 없는 것), 무망(無妄, 망심(妄心)이
　　　없는 것)
　　『歷代法寶記』卷1(『大正藏』51, 185쪽. 중11.) :「念不起是戒門, 念不起是定門, 念
　　　不起惠門. 無念卽是 戒定惠具足.」
　　『大乘二十二問本』卷1(『大正藏』85, 1184쪽. 하4.) :「修身口意, 須戒定惠.」
210)『楞嚴經要解』卷12(『卍續藏』11, 838쪽. 하12.) :「小乘稟法爲戒, 粗治其末. 大乘
　　　攝心爲戒, 細絶其本. 法戒則無犯而已, 心戒則無思犯也.」

을 끊는 것이고, 거짓말하는 것은 진실(眞實)이 단절되게 하는 것이다.

能成智慧, 縱得六神通,[211] 如不斷殺盜婬妄,[212] 則必落魔道, 永失菩提,[213]正路矣. 此四戒, 百戒之根, 故別明之, 使無思犯也. 無憶曰戒, 無念曰定, 莫妄曰慧. 又戒爲捉賊, 定爲縛賊, 慧爲殺 賊. 又戒器完固, 定水澄淸, 慧月方現. 此三學者, 實爲萬法之源. 故特明之, 使無諸漏也. 靈山會上, 豈有無行佛, 少林門下,[214] 豈 有妄語祖.

능히 지혜를 성취하고 육신통을 체득하여 자유자재하더라도 만약 살생과 도둑질과 음행과 거짓말하는 일을 끊지 않는다면 반드시 마도(魔道)에 떨어져 영원히 보리(菩提)의 바른 길을 잃게 되는 것이다.

이 네 가지 계율은 모든 계(百戒)의 근본이므로, 특별히 밝혀서 생각으로도 침범함이 없도록 한 것이다.

무억(無憶)을 계(戒)라 하고, 무념(無念)을 선정(禪定)이라 하

---

211) 육신통(六神通) : 1.神境通, 神足通 : 정신을 자유자재하는 것으로 대상경계를 초월하는 것. 대상경계에서 자유자재하는 것. 2.天眼通 : 정법의 안목이 대상경계를 초월하는 것. 자신의 청정한 안목을 통달하는 것. 3.天耳通 : 온갖 음성을 대상경계로 듣지 않고 초월하는 것. 4.他心通 : 자기 자신이 자신의 일체중생의 망심을 스스로 자각 하는 것. 5.宿命通 : 가지고 있는 지난 중생심(宿命)을 자각하는 것. 6.漏盡通 : 일체 망심을 모두 자각하는 것.
212) 『楞嚴經合論』卷1(『卍續藏』12, 3쪽. 하13.) : 「行三決定義. 所謂攝心爲戒, 因戒 生定, 因定發慧是則, 名爲三無漏學. 令斷殺盜婬妄, 而此經敍婬於先.」
213) 보리(菩提) : 진여의 지혜. 깨달음. 상구보리 하화중생.
214) 소림문하(少林門下) : 선종(禪宗)의 초조(初祖)인 달마대사(達磨大師) 이후의 법을 부촉 받은 조사들도 모두 심학을 청정하게 구족했다는 것.

며, 막망(莫妄)을 지혜라 한다.

다시 말하면, 계율은 도둑(번뇌)[215]을 알고 잡는 것이고, 선정은 도둑(번뇌)을 묶어 놓는 것이며, 지혜는 도둑(번뇌)을 죽여 버리는 것이다.

또한 계의 그릇이 온전하고 견고해야 선정의 물이 청정하게 되고, 따라서 지혜의 달이 비로소 나타나게 되는 것이다.

이 삼학(三學)이라는 것이 진실로 만법의 근원이 되는 것이므로, 특별히 밝혀서 제루(諸漏)가 없게 한 것이다.

영산회상에 어찌 (계정혜의 삼학으로) 수행하지 않는 부처가 있을 수 있으며 소림문하에 어찌 거짓말(妄語)을 하는 조사(祖師)가 있을 수 있겠는가?

---

215) 적(賊) : 망념(妄念)을 도적에 비유함.

39. 말법(末法)에 수행자들이 잘 수행하는 법

無德之人, 不依佛戒, 不護三業,216) 放逸懈怠, 輕慢他人, 較量
是非, 而爲根本.

덕(德)이 없는 사람은 부처의 계율에 의지하려고도 하지 않고,
삼업(三業)을 청정하게 지키려고 하지도 않고, 방일하여 게을리
지내면서, 남을 업신여기며 따지고 시비하는 것을 근본적인 자기의
일로 삼고 살아가는 사람을 말하는 것이다.

【해解】

一破心戒, 百過俱生.

한번이라도 심계(心戒)를 파괴하면 온갖 허물이 모두 생겨나게
되는 것이다.

評曰, 如此魔徒,217) 末法218)熾盛, 惱亂正法, 學者詳之.

---

216) 삼업(三業) : 몸(身)과 입(口)과 뜻(意)으로 조작하여 짓는 십악과 십선을 말한다.
　　　몸으로 짓는 살생(殺生), 투도(偸盜), 사음(邪淫) 세 가지와, 입으로 짓는 망어(妄
　　　語) 기어(綺語) 양설(兩舌) 악구(惡口) 네 가지와, 뜻으로 짓는 탐심(貪心) 진심(瞋
　　　心) 치심(痴心)의 세 가지를 합하여 십악(十惡)이나 십선(十善)이라고 한다.
217) 『佛祖統紀』卷39(『大正藏』49, p. 782. 중1.) : 「則曰, 不生天, 不入地, 不求佛
　　　不涉餘途, 直過之也. 如此魔敎, 愚民皆樂 爲之其徒 以不殺不飮不葷辛爲至嚴,
　　　沙門有爲行弗謹, 反遭其譏, 出家守法, 不可自勉」
218) 말법(末法) : 불법(佛法)의 지혜로운 삶을 살아가지 못하는 것을 말법(末法)이라고

평(評)하여 말하기를, "이와 같은 마군(魔軍)의 무리들이 말법 (末法)으로 치성(熾盛)하게 설쳐서 정법(正法)을 어지럽게 하는 것이니 수행자들은 상세하게 밝혀서 깨달아야 하는 것이다." 라고 했다.

〔三業淸淨〕

함. 시간의 흐름에 따라 역사적으로 분류하기도 하지만 자신의 의식에서 인연법을 모르는 중생들이 치성하게 되는 것.

40. 계율청정(戒律淸淨)

若不持戒,[219] 尙不得疥癩,[220] 野干[221]之身, 況淸淨菩提, 果可冀乎.

만약에 계(戒)를 자신이 수지(授持)하지 못하면 오히려 피부병 걸린 여우의 몸[222](의심 많은 수행자)도 되지 못하는데, 하물며 청정한 보리(菩提)를 체득하여 불과(佛果, 진여의 지혜로운 삶)로 생활할 수 있기를 바랄 수 있겠는가?

---

219) 계(戒) : 『南宗頓教最上大乘摩訶般若波羅蜜經六祖惠能大師於韶州大梵寺施法壇經』卷1(『大正藏』48, 342쪽. 중25.) : 「心地無疑非自性戒, 心地無亂是自性定, 心地無癡自性是惠.」(심지(心地)에 망심이라는 의심이 없게 하는 것을 자성의 계라고 하고, 심지(心地)에는 망심이 무난(無亂)하여 망심이 없는 것을 자성의 정(定)이라 하고, 심지를 무치라고 아는 것을 자성의 혜(慧)라고 한다.)
　『緇門警訓』卷4(『大正藏』48, 1063쪽. 중5.) : 「戒定慧: 戒定慧三學者, 衆生自性本有之物, 不因修證而得. 非惟諸佛菩薩具足, 一切凡夫悉皆具足. 自性無善惡, 無持亦無犯, 是自性戒. 自性無靜亂, 無取亦無捨, 是自性定. 自性本無知 而無所不知, 是自性慧.
220) 개라(疥癩) : 개나 여우 이리 따위의 털이 빠지는 피부병으로 보기가 흉한 것을 비유함.
221) 야간(野干) : 의심 많은 수행자. 의심의 비유로 여우, 이리로 천대받는 것을 말함. 교묘한 수행자.
222) 『圓悟佛果禪師語錄』卷19(『大正藏』47, 804쪽. 상5.)
　『無門關』卷1(『大正藏』48, 293쪽. 상19.)
　『無門關』卷1(『大正藏』48, 293쪽. 중4.) : 「無門曰. 不落因果, 爲甚墮野狐 不昧因果, 爲甚脫野狐. 若向者裏著得一隻眼, 便知得. 前百丈嬴得, 風流五百生.」(불락(不落), 불매(不昧)라는 언어문자나 말 한마디 때문에 여우의 몸이 되고 되지 않는 것이 아니라 저기자신이 지혜작용을 하는 안목을 구족해야 한다는 것이다.)

【해解】

重戒如佛 佛常在焉. 須草繫223)鵝珠224) 以爲先導.

　계율을 청정하게 잘 수지(授持)하면 부처(佛)와 같게 되는 것이므로 부처는 항상 여기에서 자유자재로 지혜로운 생활을 하고 있는 것이 된다.
　반드시 결초비구나 아호화상과 같이 선도(先導)하여 모범을 보여야 하는 것이다.

---

223) 초계(草繫):『大莊嚴論經』卷3(『大正藏』4, 268쪽. 하6.):「有諸比丘曠野中行, 爲賊剽掠剝脫衣裳. 時此群戒懼者比丘往告聚落盡欲殺害. 賊中一人 先曾出家, 語同伴言. 今者何爲, 盡欲殺害. 比丘之法, 不得傷草. 今若以草繫諸比丘, 彼畏傷故, 終不能得, 四向馳告. 賊卽以草, 而繫縛之, 捨之而去. 諸比丘等, 既被草縛, 恐犯禁戒, 不得挽絕. …」초목과 같은 무정물에 대하여도 의식에서 살생하지 않는 것과 같이 청정한 계율을 자신의 마음에서 수지하게 하는 비유.

224) 아주(鵝珠):『大莊嚴論經』卷11(『大正藏』4, 319쪽. 상20.):「復次護持禁戒, 寧捨身命, 終不毀犯. 我昔曾聞, 有一比丘, 次第乞食, 至穿珠家, 立於門外. 時彼珠師, 爲於國王, 穿摩尼珠 比丘衣色, 往映彼珠, 其色紅赤. 彼穿珠師, 卽入其舍, 爲比丘取食. 時有一鵝, 見珠赤色, 其狀似肉, 卽便呑之. 珠師持食, 以施比丘. 尋卽覓珠不知所在. 此珠價貴, 王之所有. 時彼珠師, 家既貧窮, 失王貴珠, 以心急故. 語比丘言, 歸我珠來. 爾時比丘, 作是思惟. 今此珠者, 鵝所呑食, 若語彼人, 將必殺鵝, 以取其珠 如我今者, 苦惱時至, 當設何計, 得免斯患. 卽說偈言. …」보석을 먹은 거위를 살리기 위하여 고통을 참으며 살생과 망어를 범하지 않으며 주인을 교화하여 귀의하게 하는 비유.

41. 탐욕과 애욕이 윤회의 근원

欲脫生死, 先斷貪欲, 乃諸愛渴.

생사(生死)의 망념(妄念)에서 해탈하고자 하면 먼저 탐욕(貪慾, 貪欲)을 끊고 모든 애욕(愛慾)의 갈증(渴症)을 끊어야 한다.

【해解】

愛爲輪廻之本, 欲爲受生之緣.[225] 佛云, 婬心不除, 塵不可出.[226] 又云, 恩愛一縛[227]着, 牽人入罪門.[228] 渴者, 情愛[229]之至

---

225) 욕위수생지연(欲爲受生之緣) : 하고자 하는 의식에 의하여 지금 心識이 윤회하는 것. 애욕은 윤회의 근본이고 욕(欲)이 소승(小乘)의 망념이다.

226) 『大佛頂如來密因修證了義諸菩薩萬行首楞嚴經』6「정종분」(『大正藏』19, 131쪽. 하13.)
『宗鏡錄』卷36(『大正藏』48, 625쪽. 상10.) : 「汝修三昧, 本出塵勞. 婬心不除, 塵不可出. 縱有多智, 禪定現前. 如不斷婬, 必落魔道」

227) 박(縛) : 繫縛. 『六祖壇經』卷1(『大正藏』48, 338쪽. 하5.) : 「無住者, 爲人本性. 念念不住, 前念念(今)念後念. 念念相續(續), 無有斷絶. 若一念斷絶, 法身卽是離色身. 念念時中, 於一切法上無住. 一念若住, 念念卽住, 名繫縛. 於一切法上, 念念不住, 卽無縛也. 以無住爲本.」

228) 『佛說優塡王經』卷1(『大正藏』12, 72쪽. 상4.) : 「若世時有佛, 而已不得聞. 女人最爲惡, 難與爲因緣. 恩愛一縛著, 牽人入罪門. 女人爲何好, 但是屎尿囊.」
『法苑珠林』卷75(『大正藏』53, 848쪽. 상24.) : 「等三明女人, 難親可厭患. 故優塡王經偈云, 女人最爲惡, 難與爲因緣. 恩愛一縛著, 牽人入罪門.」
『大藏一覽』卷4(『가흥장』21, 504쪽. 중1.) : 「諸經要集, 優塡王經偈云, 女人最爲惡, 難與爲因緣. 恩愛一縛著, 牽人入罪門.」

229) 『圓覺經疏鈔隨文要解』卷11(『卍續藏』10, 136쪽. 하8.) : 「天屬之恩, 謂天生自然, 相屬親愛, 非由強結情愛. 如異類亦 於父母知其情愛 不因教習 而然此卽 天屬之恩愛 非強結情愛之謂.」

134

切也.

애욕(愛慾)은 윤회의 근본이고,[230) 욕망(欲望)은 의식의 대상경
계가 있는 것이다.

부처님께서 말씀하시기를, "음심(婬心, 淫心)을 끊지 못하면
망념에서 올바르게 출세할 수 없다." 라고 하셨다.

또 말씀하시기를, "애욕을 좋아하여 한 번 속박되어 집착을 하게
되면 사람(본래인)을 이끌어서 죄악의 문에 들어가게 하는 것이다."
라고 하셨다.

갈망(渴望)이란 중생심의 애정(愛情)이 지극하게 간절한 것을
말한다.

---

230) 애욕이 윤회의 근본이라는 것은 애욕은 의식의 대상경계를 집착하는 것이므로
　　 윤회의 근본이 되는 것이다.

42. 선정(禪定)

無碍淸淨慧, 皆因禪定[231]生.[232]

　자유자재하여 장애가 없는 청정(淸淨)한 진여의 지혜는 모두 선정(禪定, 마음에 망심이 없는 진여의 지혜)에서 나오는 것이다.

【해解】

　起凡入聖, 坐脫立亡[233]者, 皆禪定之力也. 故云, 欲求聖道, 離此無路.[234]

---

231) 선정(禪定):『六祖壇經』卷1(『大正藏』48, 339쪽. 상3.):「何名座禪, 此法門中, 一切無礙. 外於一切境界上, 念不去爲座, 見本姓不亂爲禪. 何名爲禪定. 外雜(離)相曰禪, 內不亂曰定. 外若有相內姓不亂, 本自淨自定. 只緣境觸, 觸卽亂. 離相不亂卽定, 外離相卽禪. 內外不亂卽定. 外禪內定故名禪定.」

　『景德傳燈錄』卷29(『大正藏』51, 455쪽. 상1.):「定, 眞若不滅, 妄卽不起. 六根之源, 湛如止水. 是爲禪定, 乃脫生死.」(진여의 지혜로운 삶을 잃어버리지 않으면 망념은 일어나지 않는 것이네. 육근의 작용은 원래 청정한 진여지혜의 근원이니 맑은 물과 같은 것이라는 것을 자각하네. 이것이 선정이니 생사에서 해탈한 것이라고 하네.)

232)『大方廣圓覺修多羅了義經』卷1(『大正藏』17, 919쪽. 상20.):「辯音汝當知, 一切諸菩薩, 無礙淸淨慧, 皆依禪定生」

233) 좌탈입망(坐脫立亡): 좌선(坐禪)하는 것이 해탈(解脫)이며 불법(佛法)을 건립(建立)하면 망념(妄念)이 없게 된다는 것이 선정의 위력(定力)이므로 망념의 생사를 마음대로 하는 것을 좌탈입망(坐脫立亡)이라고 한다. 수행자들이 거꾸로 서서 죽고 앉아 죽는 것이 육신의 좌탈입망이라고 하고 있는 것이 현대에서 일반적인 사실이지만 꼭 그렇게 기행(奇行)을 하는 것이 좌탈입망은 아닌 것이고 또 좌탈입망을 목표로 의식에서 정하여 수행한다면 정말 잘못된 것이다.

234)『景德傳燈錄』卷13(『大正藏』51, 306쪽. 상26.)

　『禪源諸詮集都序』卷1(『大正藏』48, 399쪽. 중9.):「故三乘學人, 欲求聖道, 必須修禪. 離此無門, 離此無路.」

범부(凡夫)의 망념(妄念)을 초월하여 출세(出世)한 성자(聖者)의 지혜로운 삶을 체득하며, 좌선(坐禪)으로 해탈(解脫)하고 불법(佛法)을 건립(建立)하여 망념(妄念)이 없게 되는 것은 모두 다 선정(禪定, 마음이 여시하여 망심이 없는 지혜)의 위력이다.

　그러므로 말하기를, "성자(聖者)의 지혜로운 삶을 살아가고자 하면 이것을 벗어나서는 다른 방법은 없다." 라고 한 것이다.

〔坐禪〕

43. 선정에서 관조(觀照)

心在定[235]則, 能知世間, 生滅諸相.

마음이 선정(禪定, 마음이 여시하여 망심이 없는 지혜)에서 자유자재하면 곧 능히 자신이 세간(世間)에서 망념(妄念)으로 생멸(生滅)하는 자신의 모든 의식(相)을 정확하게 알게 되는 것이다.

【해解】

虛隙日光, 纖埃擾擾,[236] 淸潭水底 影像昭昭[237].

허공(虛空) 중의 빈틈으로 지혜의 빛이 작용하게 되면 미세한 번뇌의 먼지가 어지럽게 움직이는 것을 알게 되고, 마음이 청정하면 깊은 물의 바탕인 자신의 의식의 대상인 영상(影像)이 소소(昭昭) 영령(靈靈)하게 나타나게 된다.

※ 방안에 문틈으로 햇빛이 비치게 되면 아주 작은 먼지가 움직이는

---

235) 정(定) : 삼매(三昧), 계정혜에서 정(定)을 말한다. 자기의 마음에 망심(妄心)이 없는 것을 정(定)이라고 한다.
236) 요요(擾擾) : 어지러운 모양, 소란한 모양. 망념이 어지럽게 작용하는 것을 알게 되는 것.
237) 『禪源諸詮集都序』卷1(『大正藏』48, 399쪽. 하15.) : 「虛隙日光, 纖埃擾擾. 淸潭水底, 影像昭昭.」
　　『景德傳燈錄』卷13(『大正藏』51, 306쪽. 하5.) : 「微細習情起滅, 彰於靜慧, 差別法義, 羅列現於空心. 虛隙日光, 纖埃擾擾. 淸潭水底, 影像昭昭.」

것을 보게 되는 것처럼 자신이 지혜로 관조하게 되면 자신의
깊은 본성으로 의식의 대상인 영상을 분명하게 자각하게 되는
것.

〔觀照〕

44. 해탈(解脫)

見境心不起, 名不生.[238)] 不生名無念,[239)] 無念名解脫.

대상경계를 보고도 의식에 번뇌 망념이 일어나지 않는 것을
불생(不生)이라고 말한다.
　불생(不生)을 무념(無念)이라고 말하며, 무념(無念)을 해탈(解脫)이라고 말한다.

【해解】

戒也定也慧也 擧一具三 不是單相.

계(戒)와 정(定)과 혜(慧)는 하나만 정확하게 들어도 삼학(三學,
계정혜)이 구족되어야 하는 것이므로 각각의 하나하나로 이루어진
형태는 아니다.

---

238) 『경덕전등록』 권4,「무주전」(『大正藏』 51, p.234c)에 나온다. "公又問 云何不生.
　　 云何不滅. 如何得解脫. 師曰 見境心不起名不生. 不生卽不滅."
239) 무념(無念) : 『景德傳燈錄』卷4「益州保唐寺無住禪師」(『大正藏』51, 234쪽. 하
　　 23.)
　　 『六祖壇經』卷1(『大正藏』48, 340쪽. 하16.)

45. 종적(蹤跡) 없는 열반적정(涅槃寂靜)

修道證滅, 是亦非眞也. 心法本寂, 乃眞滅也. 故曰, 諸法從本來, 常自寂滅相.[240]

수도(修道)하여 열반적정(涅槃寂靜)을 증득한다고 하면 이것은 또한 진실이 아닌 것이다.[241]

심법(心法)을 본래 열반 적정한 것이라고 자각하는 것이 참된 열반적정이다.

그러므로 말하기를, "모든 법은 본래부터 항상 그대로 열반 적정한 모습이다." 라고 하신 것이다.

【해解】

眼不自見,[242] 見眼者妄也. 故妙首[243]思量, 淨名[244]杜黙.[245]

---

240) 『妙法蓮華經』卷1「方便品」2(『大正藏』9, 8쪽. 중25.) : 「諸法從本來, 常自寂滅相. 佛子行道已, 來世得作佛.」(제법(諸法)은 근본인 진여에서 여여하게 작용하는 것이므로 항상 진여 본체는 적멸이라는 법이다. 불법을 수행하는 이가 이와 같이 여여하게 진여의 지혜로운 삶을 살면 지금 이곳에서 바로 부처의 지혜로 살아가게 되는 것이다.)
　　『宋高僧傳』卷11(『大正藏』50, 772쪽. 하8.) : 「大寂曰, 如是如是. 一切法性, 不生不滅. 一切諸法, 本自空寂. 經云, 諸法從本來, 常自寂滅相.」
241) 도(道)는 진여의 지혜로 생활하는 것이므로 일행삼매가 되어야 한다.
242) 『大方廣圓覺修多羅了義經』卷1(『大正藏』17, 917쪽. 상12.) : 「菩薩衆生, 皆是幻化. 幻化滅故, 無取證者. 譬如眼根, 不自見眼. 性自平等, 無平等者.」
243) 묘수(妙首) : 『翻譯名義集』卷1(『大正藏』54, 1061쪽. 중18.) : 「文殊師利. 此云妙德. 大經云, 了了見佛性, 猶如妙德等. 淨名疏云, 若見佛性, 卽具三德, 不縱不橫, 故名妙德. 無行經, 名滿殊尸師利. 或翻妙首.」

此下散擧細行.

　자신의 눈으로 자신의 눈을 볼 수 없으므로 눈을 스스로 본다는
것은 허망한 것이다.

　그러므로 문수보살은 사량분별을 초월하는 것을 불이법문(不二
法門)이라 했고 유마(維摩)는 침묵으로 불이법문(不二法門)을 설
했다.

　이 아래부터는 자세한 수행법을 풀어서 정확하게 들어(擧) 보이
겠다.

---

244) 정명(淨名) : 유마라힐(維摩羅詰), 비마라힐(毘摩羅詰)이라 하며 유마힐 또는
　　　유마라고 한다. 번역하면 淨名 또는 무구칭(無垢稱)이다.
245) 『維摩詰所說經』卷2「入不二法門品」9(『大正藏』14, 561쪽. 하16.) :「如是諸菩薩
　　　各各說已，　問文殊師利 :「何等是菩薩入不二法門？」文殊師利曰 :「如我意者,
　　　於一切法, 無言無說, 無示無識, 離諸問答, 是爲入不二法門」.於是文殊師利問維
　　　摩詰 :「我等各自說已，　仁者當說何等是菩薩入不二法門？」時維摩詰默然無言.
　　　文殊師利歎曰 :「善哉！善哉！乃至無有文字, 語言, 是眞入不二法門」.」(보살들
　　　이 각자 아는 바에 따라 제각기 말을 마치자 문수보살이 다음과 같이 이야기
　　　한다. "나의 뜻은 일체법은 무언무설이고 무시무식이므로 모든 문답을 초월하는
　　　것이 불이법문을 깨달아 체득하는 것입니다. 문수보살은 유마에게 무엇이 보살
　　　의 불이법문을 체득하는 것이니까? 하고 물으니 유마는 묵연하게 말을 하지
　　　않았다. 문수보살이 찬탄하여 말하기를 언어문자로 설하지 않는 이것이 진실한
　　　불이법문이라고 했다.)

46. 보시바라밀(布施波羅蜜)

貧人來乞, 隨分施與. 同體大悲,[246] 是眞布施[247].

　도(道)에 가난한 사람이 와서 구걸(求乞)하거든 자신의 능력껏
분수대로 베풀어 주어야 한다.
　이와 같이 동체대비(同體大悲)를 행해야 진실한 보시(布施)이
다.

【해解】

　自他爲一, 日同體. 空手來, 空手去, 吾家活計.[248]

　나와 남이 (진여, 공으로)하나가 되는 것을 말하여 동체대비(同體
大悲)라고 한다.
　(진여의) 빈손으로 여여하게 왔다가 빈손으로 여여하게 가는
몰종적의 삶이 나의 가문의 지혜로운 삶을 사는 본분사이다.

---

246)『大乘本生心地觀經』卷4「厭捨品」3(『大正藏』3, 311쪽. 하17.) :「衆生與我等無
　　差別, 是大菩薩發起, 如是同體大悲, 無礙願已.」
　　『宗鏡錄』卷18(『大正藏』48, 514쪽. 중18.) :「自他不二. 但如來有, 同體大悲. 衆生
　　有熏習之力.」
247) 보시(布施) : 단나(檀那)라고하며, 남에게 베풀어 준다는 뜻이다. 재물로써 주는
　　것을 재시(財施)라 하고, 법으로 베풀어주는 것을 법시(法施)라 하며 지혜로운
　　삶을 살며 두려움을 없게 하는 것을 무외시(無畏施)라 한다.
248) 활계(活計) : 진여의 지혜로운 삶을 사는 수행자의 본분사.

47. 진심(嗔心)이 치심(癡心)

有人來害, 當自攝心,[249] 勿生嗔恨.[250] 一念嗔心起, 百萬障門
開.[251]

어느 사람이 와서 수행에 방해(妨害)가 되더라도 마땅히 자신이
섭심(攝心, 일념으로 마음을 산란하게 하지 않는 방법, 좌선)하면
성내거나 원망하지 않게 된다.
한 생각이라도 성내는 마음을 내게 되면 온갖 장애의 문이 열리게
된다.

【해解】

煩惱雖無量, 嗔慢爲甚. 涅槃云, 塗割[252]兩無心. 嗔如冷雲中,
霹靂起火來.[253]

---

249) 섭심(攝心) : 마음을 하나의 대상에 집중하여 산란함을 막는 방법, 좌선.
250) 當自攝心 勿生嗔恨: 『佛垂般涅槃略說教誡經』卷1(『大正藏』12, 1111쪽. 중10.) :
　　「汝等比丘, 若有人來節節支解, 當自攝心無令嗔恨, 亦當護口勿出惡言.」
　　『遺教經論』卷1(『大正藏』26, 286쪽. 하15.) :「汝等比丘. 若有人來, 節節肢解, 當
　　自攝心, 不(無)令嗔恨. 亦當護口, 勿出惡言.」
251) 『大方廣佛華嚴經隨疏演義鈔』卷40「初發心功德品」17(『大正藏』36, 306쪽. 상
　　22.) :「如普賢行品, 一念嗔心起, 百萬障門開.」
252) 도할(塗割) : 『大般涅槃經』卷7「邪正品」9(『大正藏』12, 644쪽. 중19.) :「又復如
　　來, 於怨親中, 其心平等. 如以刀割, 及香塗身. 於此二人, 不生增益, 損減之心.
　　唯能處中, 故名如來.」
　　도할양무심(塗割兩無心) : 칼로 해하거나 전단향수(栴檀香水)로 씻어 주어도 무심
　　(無心)으로 적정(寂靜)하게 평등해야 한다.
253) 『佛垂般涅槃略說教誡經』卷1(『大正藏』12, 1111쪽. 중20.) :「譬如, 淸冷雲中,

번뇌가 비록 무량하지만 성내고 오만한 것보다 더한 것은 없다.

『열반경』에 말하기를, "칼로 몸을 찌르거나 자신의 몸에 전단향수로 치료를 하여주더라도 이 두 가지에 모두 무심(無心)해야 한다." 라고 설했다.

성을 내는 것은 마치 맑은 구름 속에서 청천벽력이 치고 번개가 치는 것과 같다.

※ 두 가지의 차별분별에 무심(無心)하지 않으면 여래가 성질을
　내는 것이 된다.

〔攝心〕

霹靂起火, 非所應也.」

48. 인욕바라밀(忍辱波羅蜜)

若無忍行, 萬行254)不成.

만약에 인욕(忍辱)바라밀(波羅蜜)의 행을 하지 않으면 만행(萬行, 본분사)을 체득할 수 없는 것이다.

【해解】

行門雖無量, 慈255)忍256)爲根源. 古德云, 忍心如幻夢, 辱境若龜毛.257)

수행하는 법은 비록 한량없지만 자비와 인욕이 근본이 되는 것이다.

---

254) 만행(萬行) : 수행자의 본분사. 수행(修行). 『大乘本生心地觀經』卷3「報恩品」2 (『大正藏』3, 305쪽. 중6.) :「菩薩善修於萬行.」
255) 자비(慈悲) : 『妙法蓮華經』卷3「化城喩品」7(『大正藏』9, 23쪽. 중20.) :「世雄兩足尊, 唯願演說法, 以大慈悲力, 度苦惱衆生.」
   『大乘瑜伽金剛性海曼殊室利千臂千鉢大教王經』卷7「演一切賢聖入法見道顯敎修持品」4(『大正藏』20, 759쪽. 중1.) :「一者慈心, 慈能與樂. 二者悲心, 悲能拔苦.」(자심(慈心)은 사랑하는 것과 불쌍히 여기는 것으로 중생에게 즐거움을 주는 것을 자심(慈心)이라 하고, 중생의 고통을 실제로 덜어 주며 근본적으로 그 근심 걱정과 슬픔의 뿌리를 뽑아 주는 것을 비심(悲心)이라고 한다.)
256) 인욕(忍辱) : 육바라밀(六波羅蜜)가운데 하나. 인욕을 행한다고 하는 마음 없이 인욕을 행하는 것. 경계지성, 일행삼매가 되어야 함.
257) 환몽구모(幻夢龜毛) : 꿈과 거북의 털은 실제로는 없지만, 실제로 존재하는 것처럼 알고 있는 것을 경계하는 것이다. 의식의 대상경계도 실제로 존재하지 않는데 우리의 의식에는 항상 감정의 골이 깊게 파여 있는 것이다.

146

고덕(古德)이 말하기를, "대상으로 인욕(忍辱)하는 마음은 꿈과 같은 것이고, 대상경계에 따라 인욕(忍辱)하는 마음도 거북의 털과 같은 것이다." 라고 했다.

〔忍辱波羅蜜〕

49. 정진바라밀(精進波羅蜜)

守本眞心,[258] 第一精進.[259]

근본적으로 진여의 지혜로 삶을 수지(授持)하여 고수(固守)하는 것이 최고의 정진(精進)바라밀(波羅蜜)이다.

【해解】

若起精進心, 是妄非精進. 故云, 莫妄想, 莫妄想. 懈怠者, 常常望後, 是自棄人也.

만약에 정진(精進)한다는 의식의 대상이 있으면 망상(妄想)이며, 정진(精進)바라밀(波羅蜜)을 실천하는 것이 아니다.

그러므로 고인(古人)이 말하기를, "망상(妄想)하지 말라. 망상하지 말라."고 한 것이다.

게으른 사람은 항상 뒤로 미루며 훗날만 기다리는 것은 자신이 본래인의 지혜로운 삶을 포기하는 것이다.

---

258) 守本眞心 : 『最上乘論』卷1(『大正藏』48, 378쪽. 중8.) : 「但於行住坐臥, 中常了然, 守本眞心, 會是妄念不生. 我所心滅, 一切萬法, 不出自心.」
259) 정진(精進) : 정진(精進)바라밀(波羅蜜)을 두고 하는 것이며 진여의 지혜로운 생활을 고수(固守)하는 것이다. 보살이 수행하는 육바라밀(六波羅蜜)의 하나로 수행하는 이(能)와 수행하는 대상(所)이 일행삼매가 되어야 한다.

50. 지혜바라밀(智慧波羅蜜)

持呪者, 現業易制, 自行可違. 宿業難除, 必借神力.[260]

진언(眞言, 진실한 말)[261]을 수지(授持)하여 행하면 지금 하는 사량 분별(現業)을 제어하기 쉬워서 자신이 수행(修行)하여 어긋난 것을 바르게 고칠 수 있다.

관념화 된 중생심(宿業, 숙업)은 제거하기 어려우므로 반드시 진여(眞如)의 지혜로운 삶(神力)에 의하여야 한다.

【解解】

摩登[262]得果, 信不誣矣. 故不持神呪, 遠離魔事者, 無有是處.

---

260) 『楞嚴經直指』卷1(『卍續藏』14, 463쪽. 중22.) : 「現業易制, 自行可違. 宿習難除, 猶假神力. 是以道場建立, 加被憑他. 然而章句妙微, 契會由自, 十方諸佛, 從此出生.」
『楞嚴經宗通』卷7(『卍續藏』16, 877쪽. 중11.)

261) 진언(眞言) : 차별분별이 없는 말씀. 진실한 말. 여시한 말. 신주(神呪), 비밀어(秘密語). 육자염불인 나무아미타불, 옴마니반메훔과 간화선의 무(無)! 등이 자신의 중생심(衆生心)을 불심(佛心)으로 돈오(頓悟)하게 하는 주문(呪文, 진언)과 같은 것이다.

262) 마등기(摩登祇) : 『楞嚴經箋』卷7(『卍續藏』11, 1040쪽. 상5.) : 「箋云, 摩登伽. 應云, 阿死多摩登祇. 摩登祇, 女之總名. 阿死多, 女之別名. 此女由卑賤故, 常以掃市爲業, 用供衣食.」
『大佛頂如來密因修證了義諸菩薩萬行首楞嚴經』卷1(『大正藏』19, 106쪽. 하9.) : 「爾時阿難, 因乞食次, 經歷婬室. 遭大幻術, 摩登伽女, 以娑毘迦羅 先梵天呪, 攝入婬席. 婬躬撫摩, 將毀戒體. 如來知彼, 婬術所加, 齋畢旋歸.」

마등기(摩登祇)가 불과(佛果)를 체득한 것은 잘못된 것이 아닌 것이 분명하다.

　　그러므로 신주(神呪, 眞言)를 수지(授持)하지 않고 번뇌마(煩惱魔, 魔事)를 멀리 여의는 것은 있을 수 없는 것이다.

〔智慧波羅蜜〕

51. 예배의 올바른 뜻

禮拜者 敬也 伏也, 恭敬眞性, 屈伏無明[263].

예배(禮拜)한다는 것은 공경(恭敬)하는 것이며, 굴복시키는 것
으로, 자신의 진여(眞如)본성(本性)을 공경(恭敬)하는 것이고, 자
신의 무명(無明)인 번뇌망념(煩惱妄念)을 굴복시키는 것이다.

※ 예배(禮拜)에서 예(禮)는 자기 자신의 본성(本性)이 공(空)임을
  자각하게 하는 부처의 은혜를 공경(恭敬)하는 것이고, 배(拜)는
  무명(無明)으로 인하여 번뇌망념(煩惱妄念)에 덮여 살아가며
  자각하지 못하는 것을 자각하게 하여 자신의 망념(妄念)을 굴복
  (屈伏)시키는 것이다.

【해解】

身口意淸淨, 則佛出世[264].

신구의(身口意)의 삼업(三業)이 청정(淸淨)하면 곧바로 자신이
부처로 출세(出世)하게 된다.

---

263) 『少室六門』卷1(『大正藏』48, 369쪽. 상6.) : 「夫禮者敬也, 拜者伏也. 所謂恭敬眞
    性, 屈伏無明, 名爲禮拜.」
264) 『景德傳燈錄』卷28(『大正藏』51, 441쪽. 상12.) : 「經云, 心佛與衆生, 是三無差
    別. 身口意淸淨, 名爲佛出世.」

52. 올바른 염불 수행법

念佛者, 在口曰誦, 在心曰念. 徒誦失念, 於道無益.[265]

염불(念佛)을 입으로 자유자재(自由自在)하게 (아름다운 목소리로 입으로만 소리쳐) 외우는 것을 송불(誦佛)이라고 하는 것이고, 불심(佛心)으로 자유자재(自由自在)하게 지혜로 자각하며 하는 것을 염불(念佛)이라고 한다.

송불(誦佛)을 하면서 진여의 지혜로 자각(自覺)하는 생각이 없으면 진여의 지혜로운 삶(道)을 살아가는데 아무런 도움이 되지 않는다.

【해解】

阿彌陀佛,[266]六字法門, 定出輪廻, 之捷徑也. 心則緣佛境界, 憶持不忘, 口則稱佛名號, 分明不亂. 如是心口相應, 名曰念佛.

나무아미타불의 육자법문(六字法門)은 선정(禪定)으로 바로 망념(妄念)의 윤회(輪廻)를 벗어나게 하는 지름길이 된다.

마음으로는 곧 의식의 대상경계를 모두 부처의 경계와 같이하여

---

265) 『少室六門』卷1(『大正藏』48, 369쪽. 상18.)
266) 아미타불(阿彌陀佛) : 아미타불에 나무(南無)를 합하여 육자염불인 나무아미타불(南無阿彌陀佛)이 되었다. 나무아미타불은 무량광과 무량수를 함축하는 의미로 시공간을 초월하는 것으로 지금 여기에서 자신을 지혜로 생활하게 하는 근본이다.

모범으로 삼아 마음속 깊이 생각(진여와 하나 됨)하며 수지(授持)하여 망각(忘却)하지 않아야 하고,

입으로는 부처의 명호를 칭하여 분명히 일심(一心)이 되게 하여 산란하게 하지 않아야(不亂) 한다.

이와 같이 여시(如是)하게 마음과 입이 서로 상응(相應)하여 하는 것을 염불(念佛)이라고 한다.

評曰, 五祖[267]云, 守本眞心, 勝念十方[268]諸佛.[269] 六祖云, 常念他佛, 不免生死, 守我本心, 則到彼岸.[270] 又云, 佛向性中作, 莫向身外求. 又云, 迷人念佛求生, 悟人自淨其心.[271] 又云, 大抵衆生, 悟心自度, 佛不能度衆生, 云云.[272] 如上諸德, 直指本心,[273] 別無方便.(方將一法便逗諸根). 理實如是, 然迹門,[274] 實有極樂世界, 阿彌陀佛, 有四十八大願.[275] 凡念十[276]聲者, 承此願力,

267) 홍인(弘忍, 602–675)
268) 시방(十方) : 동, 서, 남, 북 사방과 사유(동북, 동남, 서남, 서북), 상, 하를 합한 것으로 자신이 항상 어디에서나 지혜를 행하는 것을 시방의 공간이라고 한다.
269) 『最上乘論』卷1(『大正藏』48, 377쪽. 중20.) 「故云, 守本眞心, 勝念他佛.」
270) 피안(彼岸) : 『最上乘論』卷1(『大正藏』48, 377쪽. 중17.) 「問曰, 何名自心勝念彼佛. 答曰, 常念彼佛, 不免生死. 守我本心, 則到彼岸.」;번뇌망념을 벗어난 진여의 지혜로 생활하는 세계.
271) 『六祖壇經』卷1(『大正藏』48, 341쪽. 중11.) 「迷人念佛生彼, 悟者自淨其心. 所以言佛, 隨其心淨, 則佛土淨.」(어리석은 사람은 염불하여 극락정토에 왕생하려고 하지만, 깨달은 사람은 자기의 그 마음을 청정하게 한다. 그러므로 부처는 그 마음을 청정하게 하므로 불국토는 항상 청정하다.)
272) 『最上乘論』卷1(『大正藏』48, 378쪽. 하1.)
    『楞伽師資記』卷1(『大正藏』85, 1285쪽. 하22.)
273) 직지본심(直指本心) : 본래심을 솔직하게 말한 것. 본심(本心)은 무심(無心)이고, 평상심이니 좌도량이다.
274) 적문(迹門) : 교문(敎門)
275) 사십팔대원(四十八大願) : 아미타불이 법장비구(法藏比丘)로 수행할 때에 48가지

往生蓮胎,[277] 徑脫輪廻. 三世[278]諸佛, 異口同音, 十方菩薩, 同願往生. 又況古今, 往生之人, 傳記昭昭, 願諸行者, 愼勿錯認, 勉之勉之.

평(評)하여 말했다. 오조홍인(五祖弘忍, 602~675)대사(大師)께서 말씀하시기를, "근본적으로 진여본심(眞如本心)의 지혜를 수지(授持)하여 고수(固守)하는 것이 시방세계의 모든 부처를 염불(念佛)하는 것보다 수승하다."라고 하셨다.

육조(六祖)께서 말씀하시기를, "항상 다른 부처를 찾으려고 염불(念佛)하면 자신의 번뇌망념(煩惱妄念)인 생사(生死)에서 벗어나지 못하게 되고, 근본적으로 자신의 본심인 진여의 지혜를 수지(授持)하여 고수(固守)하면 곧바로 피안에 도달하게 되는 것이다."라고 하셨다.

또 말하기를, "부처는 자기를 본성의 지혜로 살아가게 하는 것이니, 자신의 마음 밖에서 추구하려고 하지 말아야 한다."라고 하셨다.

또 말하기를, "어리석은 사람은 염불하여 극락세계에 태어나려고 하지만, 진여의 지혜로운 삶을 살아가는 사람은 자신의 그 마음을

대원을 세워 그 원이 성취되면 성불하겠다고 원을 세운 것이다. 그 원을 실현하여 이룩된 세계가 극락정토이다.
276) 십념(十念) : 열 번 염불하여 왕생하는 것은 신구의 삼업이 청정한 것을 말한다. 일념(一念)으로 염불하는 것이 시방세계와 하나 되는 것이다.
277) 왕생연태(往生蓮胎) : 염불하여 극락세계의 연꽃 속에 태어난다는 것은 일념(一念)으로 염불(念佛)하여 진여의 지혜를 구족하게 되는 것을 말한다. 그리고 그 꽃이 피면 태어난다는 것은 진여의 지혜로 생활하는 것이다.
278) 삼세(三世) : 과거, 현재, 미래의 시간적인 것을 말하는 데 이것은 자신의 의식속의 시간이므로 우리들이 보통 말하는 시간적인 개념이 아니다. 전생, 금생, 내생도 지금 망념의 시간일 뿐이다.

청정하게 한다."라고 하셨다.

또 말하기를, "대체로 중생은 자신의 번뇌 망념을 돈오(頓悟)하여 자신이 제도하는 것이지, 부처가 중생(衆生)을 제도하는 것이 아니다. 운운(云云)..."라고 하셨다.

위에 말씀한 여러 대덕들은 곧바로 본심(本心)을 솔직하게 말씀하신 것이지 특별히 다른 방편은 없는 것이다. (바야흐로 일법(一法)으로 제근(諸根)을 막은 것이다.)

진여의 지혜(眞理)에는 실제로 여시(如是)하여 흔적이 없지만, 적문(迹門, 敎門)에는 실제로 극락세계의 아미타불이 48대원(大願)을 실행하고 있다.

누구나 열 번만 (나무아미타불!) 염불을 소리 내어 하는 이는 이 원력(願力)을 계승하게 되어 연꽃이 피게 되니 곧바로 윤회의 고통에서 해탈한다고 삼세(三世)제불(諸佛)들은 다 같이 말씀하셨고, 시방세계의 보살들도 같이 왕생하기를 발원하였다.

또한 하물며 고금(古今)으로 극락세계에 왕생한 사람들의 전기(傳記)가 분명하게 전해오고 있으니 바라건대 모든 수행자들은 진실로 착각하여 잘못알지 말고 노력하고 노력해야 한다.

梵語阿彌陀, 此云, 無量壽, 亦云, 無量光, 十方三世, 第一佛號也. 因名法藏比丘, 對世自在王佛, 發四十八願, 云, 我作佛時, 十方無央數世界, 諸天人民, 以至蜎飛, 蝡動之流, 念我名十聲者, 必生我刹中. 不得是願, 終不成佛云云. 先聖云, 唱佛一聲, 天魔喪膽, 名除鬼簿, 蓮出金池.[279]

---

279) 『淨土或問』卷1(『大正藏』47, 302쪽. 중21.) :「唱佛一聲, 衆見一佛, 從口飛出.

범어(梵語)로 '아미타'라는 말을 이곳의 언어로 말하면 무량수(無量壽) 또는 무량광(無量光)이란 뜻으로 시방(十方)삼세(三世)에서 최고의 부처라고 부르는 것이다.

인행(因行)할 때는 법장비구(法藏比丘)라는 이름으로 세자재왕불(世自在王佛) 앞에서 48가지 위대한 원(願)을 세우고 말하기를, "내가 부처가 되면 시방(十方)의 무수한 세계에 있는 모든 천인(天人)과 백성, 모든 움직이는 미물(微物)이라도 나의 명호(名號)를 열 번만 소리 내어 부르면 반드시 나의 불국토(佛國土)에 정확하게 태어나게 하겠습니다.

이 원(願)을 성취하지 못하면 끝내 성불(成佛)하지 않겠습니다. 운운." 라고 하였다.

선성(先聖)이 말하기를, "염불(念佛)하는 소리를 한 번이라도 들으면 천마(天魔)들은 중생심의 마음(膽)이 없게(喪)되고, 이름이 귀부(鬼簿)에서 지워지고, 불국토에서 부처의 지혜로운 삶을 살아가게 된다." 라고 하셨다.

又懺法280)云, 自力他力, 一遲一速. 欲越海者, 種樹作船, 遲也, 比自力也. 借船越海, 速也, 比佛力也. 又曰, 世間稚兒, 迫於水火,

---

唱佛十聲, 則有十佛, 從口飛出.」
『佛祖統紀』卷41(『大正藏』49, 380쪽. 중9.) : 「如此一年, 無少長貴賤, 見師者, 皆稱阿彌陀佛. 乃建道場, 集衆升座, 高聲唱佛一聲. 衆見一佛, 從口出. 唱十聲則有十佛. 若貫珠然.」
『朝宗禪師語錄』卷1(『가흥장』34, 225쪽. 중18.) : 「卓拄杖云, 古今生佛, 一刀斷外道, 天魔喪膽魂下座.」
280) 참법(懺法) : 참법으로는 양무제(梁武帝)의 『금강반야참법』, 진문제(陳文帝)의 『묘법연화경참법』, 양(梁)대의 『자비도량참법』, 천태지의 『법화삼매참의』, 원(元)대의 『예념미타도량참법』 등이 있는 데 여기에서는 미타도량참법을 말한다.

156

高聲大叫, 則父母聞之, 急走救援. 如人臨命終時, 高聲念佛, 則佛
具神通, 決定來迎爾. 是故大聖慈悲, 勝於父母也, 衆生生死, 甚於
水火也.

또 참법(懺法)에 이르기를, "자력(自力)과 타력(打力)이 있는데
하나는 더디고, 하나는 빠르다.

고해(苦海)를 건너려는 사람이 나무의 종자를 심어 그 나무로
배를 만들어서 바다를 건너려고 하면 늦어지므로 이것을 자력(自
力)에 비유한 것이다.

배를 빌려서 고해(苦海)를 건너면 빠르므로 이것을 부처의 자비
력에 비유한 것이다." 라고 하고 있다.

또 말하기를, "세간의 아이가 물이나 불의 위험을 당하여 큰
소리를 치면 곧 부모들이 그 소리를 듣고는 급히 달려와 구원하는
것과 같다.

비유하면 이와 같아서 중생심의 목숨을 사람들이 다하고자하면,
큰 소리로 염불(念佛)하는 것이 부처의 신통을 구족하는 것이므로
여래(如來)가 결정(決定)되어 아미타불을 영접하게 되는 것이다.

그러므로 위대한 성자(聖者)의 자비는 부모보다 더 수승하다고
하고 중생(衆生)의 생사(生死)인 번뇌망념(煩惱妄念)은 물이나
불보다도 더 심한 것이다." 라고 하신 것이다.

有人云, 自心淨土,[281] 淨土不可生, 自性彌陀, 彌陀不可見. 此
言似是而非也. 彼佛無貪無嗔, 我亦無貪嗔乎. 彼佛變地獄 作蓮

---

281) 정토(淨土) : 불국토. 극락세계. 진여의 지혜로 생활을 하는 세계.

花, 易於反掌, 我則以業力, 常恐自墮於地獄, 況變作蓮花乎. 彼佛觀無量盡世界,[282] 如在目前, 我則隔壁事, 猶不知, 況見十方世界, 如目前乎. 是故人人, 性則雖佛, 而行則衆生, 論其相用, 天地懸隔.

어느 사람은 말하기를, "자기 마음이 정토(淨土)인데 다시 정토(淨土)에 태어나기를 구할 필요가 없고, 자기의 본성이 아미타불이므로 아미타불을 친견(親見)하려고 할 필요가 없다." 라고 하는데 이 말은 옳은듯하지만 틀린 것이다.

정토(淨土)의 그 부처는 탐욕이 없고, 성내는 일이 없지만 나 자신도 역시 탐욕이 없고, 성내는 것이 없는가?

정토(淨土)의 그 부처는 지옥을 변화(變化)시켜 연화장의 극락세계로 만드는 것을 손바닥 뒤집는 것과 같이 쉽게 하지만 나는 바로 업력(業力)에 의하여 항상 지옥에 떨어지는 것을 두려워하고 있는데 하물며 어찌 지옥을 변화시켜 연화장의 극락세계가 되게 하겠는가?

정토(淨土)의 그 부처는 무량(無量)하게 관조(觀照)하여 망념의 중생세계가 다하였으니, 목전(目前)에서 지혜를 자유자재하여 여여(如如)하게 지혜로운 삶을 살지만, 나는 바로 본분사(本分事)를 스스로 망념(妄念)의 담장으로 막아놓고 오히려 부처를 대상으로 알고 있는데 하물며 어떻게 시방세계의 부처를 친견하여 목전(目前)에서 진여의 지혜를 자유자재(自由自在)하게 작용하게 할 수 있겠는가?

---

282) 무진세계(無盡世界) : 중생의 망념이 한량없는 것을 말함.

그러므로 사람마다 각각 본성(本性)은 비록 부처이지만 실제로 행(行)은 중생(衆生)이므로 그것의 본성(本性)과 작용을 논하면 하늘과 땅처럼 차이가 나게 된다.

　圭峰[283])云, 設實頓悟, 終須漸行, 誠哉是言也. 然卽寄語, 自性彌陀者, 豈有天生釋迦, 自然彌陀耶. 須自忖量人, 豈不自知. 臨命終時, 生死苦際, 定得自在否. 若不如是, 莫以一時貢高, 却致永劫沉墮. 又馬鳴,[284]) 龍樹,[285]) 悉是祖師, 皆明垂言敎, 深勸往生, 我何人哉, 不欲往生.

　규봉종밀(圭峰宗密, 780~841)이 말하기를, "실제로 돈오(頓悟)하여 불국토를 건설한다고 하더라도 결국은 반드시 (돈오하여 망념의 습기를 단절시키는) 점수(漸修)로 진여의 지혜로 생활해야 하는 것이다."라는 것은 진실로 옳은 말씀이다.
　그렇다면 자기 본성이 아미타불이라고 말을 하는 사람에 대하여 말해 보면 어찌 처음부터 선천적으로 태어난(天生) 석가여래와 자연적으로 되는 아미타불이 있을 수 있겠는가?
　반드시 스스로 자신의 본래인을 사량분별(忖量)하여 보면 사람들이 어찌 자신의 본성(本性)을 알지 못하겠는가?
　중생심의 목숨을 다하려면 생사(生死)가 고제(苦諦)라는 것을 자각(自覺)하여 선정(禪定)으로 체득하면 자유자재하게 되지 않겠

---

283) 종밀(宗密, 780-841)
284) 마명(馬鳴, 100-160년경)
285) 용수(龍樹) : 생몰연대미상. 제14조(祖)로 범어로는 나가르쥬나(Nā-gārjuna)라 고하며 용맹(龍猛) 또는 용승(龍勝)이라는 뜻. 남인도(南印度) 바라문(婆羅門)족 출신(出身)이다. 공종(空宗)의 시조(始祖).

는가?

이와 같이 여시(如是)하게 생활하지 않으면서도 한 때라도 자만심(貢高心)을 내지 않는 사람들이 없으니 도리어 영원히 악도의 구덩이에 떨어지게 된다.

또 마명이나 용수보살이 모두다 조사(祖師)이지만은 모두 분명히 말씀(言敎)으로 수시(垂示)하여 간절히 극락왕생(往生)하기를 권했는데 나는 어떤 사람이기에 왕생하기를 원하지 않는가? (라고 하며 자각하여 진여의 지혜가 자유자재 해야 한다.)

又佛自云, 西方去此遠矣, 十萬(十惡)八千(八邪),[286] 此爲鈍根說相也. 又云, 西方去此不遠, 卽心(衆生)是佛(彌陀), 此爲利根說性也. 敎有權實,[287] 語有顯密.[288] 若解行相應者, 遠近俱通也. 故祖師門下, 亦有或喚, 阿彌佛者慧遠,[289] 或喚主人公空者瑞巖.[290]

---

286) 십만팔천(十萬八千) : 십만 억, 십만 팔천불국토를 지나가야 극락세계가 있다고 말하는 것이지만 십만(十萬)을 십악(十惡)이라고 하고 팔천(八千)을 팔사(八邪)라고 하고 하는 것은 숫자의 십만 팔천이라는 개념이 아니고 십선(十善)을 행하고 팔정도(八正道)를 지금 행해야 극락세계가 이곳에서 펼쳐진다는 것이다. 즉 십악(十惡)인 殺生, 偸盜, 邪淫, 妄語(거짓말), 兩舌(이간질), 惡口(악담), 綺語(교묘하게 사기), 貪慾, 瞋恚, 癡(邪見)을 행하지 않아야 하고 팔사(八邪)인 邪見, 邪志(邪思惟), 邪語, 邪業, 邪命, 邪方便, 邪念, 邪定등을 행하지 않으면 된다. 그러므로 극락세계는 멀지 않은 곳에 있다.
287) 권실(權實) : 경전에는 방편으로 설한 불법(佛法)의 가르침인 권(權)이 있고 또 궁극적(窮極的)인 진여법을 설한 실(實)이 있다. ※(경전을 볼 때는 방편으로 설한 것인가 진여법을 설한 것인가를 파악해야 한다.)
288) 어유현밀(語有顯密) : 설법에도 중생의 근기에 따라 자세하고 분명하게 가르치는 것을 현교라고 하고 이심전심 염화미소와 같은 것을 제시한 것을 밀교라고 한다. ※(법을 들을 때에도 의미를 파악해야 직접적인 말씀인가 함축된 내용인가를 알게 된다. 이심전심은 부처나 조사와 같은 경지가 자신이 되어야 한다.)
289) 혜원(慧遠, 334~416)

160

또 부처님께서 친히 말씀하시기를, "서방정토는 이곳에서 멀리 십만(십악(十惡)) 팔천(팔사(八邪))를 지나가야 있다." 라고 하신 이것은 근기가 둔한 사람을 위하여 진여의 지혜로운 생활에 대하여 설명하신 것이다.

또 말씀하시기를, "서방정토가 이곳에서 멀지 않은 것은 곧 마음(중생)이 부처(아미타불)이기 때문이다." 라고 하신 이것은 근기가 총명한 사람을 위하여 본성(本性)의 내용을 설(說)하신 것이다.

교문(敎門)에도 권교(權敎)와 실교(實敎)가 있고, 말씀에도 현교(顯敎)와 밀교(密敎)가 있는 것과 같다.

만약 깨달음과 깨달음의 작용이 서로 상응(相應)하는 사람은 극락세계가 멀다하고 가깝다고(遠近)하여도 모두를 통달하게 된다.

그러므로 조사(祖師)의 문하(門下)에도 역시 혜원(慧遠)과 같이 아미타불을 부른 이가 있고, 혹(或)은 서암(瑞巖)과 같이 주인공을 부른 이도 있다.

---

290) 서암(瑞巖) : 생몰 연대미상. 이름은 사언(師彦). 암두화상(巖頭和尙)의 제자, 『圓悟佛果禪師語錄』卷18(『大正藏』47, 797쪽. 상18.):「玄沙問僧. 近離甚處. 僧云瑞巖. 沙云. 瑞巖有何言句. 僧云. 長喚主人公. 自云喏喏. 惺惺著. 他日莫受人謾.」현사가 어느 스님에게 물었다. '어디에서 왔는가?' 그 스님이 대답하기를 '서암에서 왔습니다.' 현사가 묻기를, '서암에서는 어떤 말씀으로 가르치시던가?' 그 스님이 대답하기를, '항상 주인공아 하고 부르고는 자신이 예! 예! 하며 대답하고는 성성(惺惺)하게 정신을 가져라하며 다음에는 자신의 본래인을 받아들이고 속지 말아야 한다.'고 하였습니다. (마음이 바로 정토라는 것)

53. 청경(聽經)의 뜻

聽經有經耳之緣, 隨喜之福. 幻軀有盡, 實行不亡.[291]

경(經)을 설하는 것을 청정하게 듣고 받아들이면 경을 설하는 것을 들은 인연으로 기쁨에 따르는 복이 있다.

환화(幻化)의 몸은 끝이 있지만 진실한 진여의 지혜로 생활하는 것은 영원하여 불생불멸(不生不滅)이다.

【해解】

此明智學, 如食金剛,[292] 勝施七寶.[293] 壽師云, 聞而不信, 尙結佛種之因, 學而不成, 猶盖人天之福.[294]

이것은 지혜로운 생활을 하는 수행을 명확하게 한 것으로 마치

---

291) 『緇門警訓』7(『大正藏』48, 1079쪽. 중14.) : 「幻軀有盡, 實行不亡.」
292) 여식금강(如食金剛) : 『大方廣佛華嚴經隨疏演義鈔』卷21(『大正藏』36, 159쪽. 중15.) : 「然當足下蟲, 皆得生天. 於如來所, 種少善根. 如食金剛, 必至涅槃.」 『大方廣佛華嚴經』52,「寶王如來性起品」32(『大正藏』9, 629쪽. 중17.) : 「佛子! 譬如丈夫, 食少金剛, 終竟不消, 要從身過 至金剛輪際, 然後乃住.」 『大方廣佛華嚴經』52,「如來出現品」37(『大正藏』10, 277쪽. 상22.) : 「佛子! 譬如丈夫, 食少金剛, 終竟不消, 要穿其身, 出在於外. 何以故? 金剛不與 肉身雜穢 而同止故. 於如來所, 種少善根. 亦復如是, 要穿一切, 有爲諸行, 煩惱身過, 到於無爲, 究竟智處.」
293) 칠보(七寶) : 『金剛般若波羅蜜經』卷1(『大正藏』8, 753쪽. 중28.)
294) 『永明智覺禪師唯心訣』권1(『大正藏』권48, 996쪽. 하.) "聞而不信, 尙結佛種之因, 學而未成, 猶益人天之福."

금강의 지혜를 체득하게 되는 것과 같아서 칠보로 보시하는 것보다 수승하다는 비유한 것이다.

영명연수(永明延壽, 904~975)선사[295]께서 말씀하시기를, "듣고 확신하지 못하더라도 오히려(尙) 불성(佛性)과 인연을 맺어놓은 것이고, 수행하여 성취하지 못하여도 오히려 인간이나 천인의 복(福)보다 뛰어나다." 라고 하신 것이다.

〔聽經〕

---

295) 영명연수(永明延壽, 904-975)

54. 간경(看經)하는 법

看經, 若不向自己上, 做工夫, 雖看盡萬卷, 猶無益也.296)

진여의 지혜로 간경(看經)을 하는 것은 자기의 마음(識心)에서 수행하는 것(做)이 아니면 비록 만 권의 경전을 다 간경(看經)하더라도 조금도 이익이 없다.

【해解】

此明愚學, 如春禽晝啼, 秋蟲夜鳴.297) 密師298)云, 識字看經, 元不證悟, 銷文釋義, 唯熾貪嗔邪見.299)

이것은 어리석게 수행하는 것을 설명(說明)한 것으로 비유하면 마치 봄날에 새가 지저귀는 것과 같고, 또 가을밤에 벌레가 우는 것과 같아서 무익(無益)한 것이다.

종밀선사가 이르시기를, "문자를 의식의 대상으로 알고 간경(看經)하여서는 원래부터 깨달아 증득(證得)할 수가 없는 것이므로,

---

296) 『護法論』1(『大正藏』권52, 644쪽. 중10.) : 「何異春禽晝啼, 秋蟲夜鳴. 雖百萬遍, 果何益哉. 余謂耿恭拜, 井而出泉.」
297) 수행이란 자신이 자신의 망념의 인연을 파악하여 원래로 돌이키는 것인데 그렇게 하지 않고 간경을 하면 봄날의 지저귀는 새소리나 가을 저녁의 풀벌레 소리나 다름이 없다는 것을 설명하는 것으로 간경(看經)을 정확하게 하라고 경책(警責)하는 것임.
298) 규봉종밀(圭峰宗密, 780~841)
299) 『禪源諸詮集都序』권1(『大正藏』권48, p.400. 상14.)

언어문자로 그 뜻을 풀이하려고 하면 오직 탐진치(貪瞋癡)만 치성(熾盛)하게 하는 것이 된다." 라고 하신 것이다.

〔看經〕

55. 어리석은 수행자

學未至於道, 衒耀[300]見聞, 徒以口舌辯, 利相勝者, 如厠屋塗丹 艧.[301]

수행자가 도(道)를 이루기 전에 자신의 견문(見聞, 보고 들은 것)만 가지고 남에게 자랑하고, 한갓 말재주만 부려서 서로 이기려고만 한다면, 화장실에 단청하는 것과 같다.

※ 자신은 지혜를 사용하지 못하고 타인이 하는 것을 보고 들은 것이 자신의 지혜인 것처럼 하는 것을 경책하는 것. 쓸모없는 일에 부처의 은혜를 허비하는 것.

【해解】

別明末世[302]愚學. 學本修性, 全習爲人, 是誠何心哉.

말세(末世)에 망념(妄念)으로 어리석게 (깨달으려고) 수행하는 것을 특별하게 밝힌 것이다.

---

300) 현요(衒耀) : 자기의 재학(才學)을 자랑스럽게 보임.
301) 『禪林寶訓』1(『大正藏』48, 1018쪽. 중20.):「遠公謂道吾眞曰, 學未至於道, 衒耀 見聞, 馳騁機解, 以口舌辯, 利相勝者, 猶如厠屋, 塗污丹艧, 秖增其臭耳.(西湖記 聞)」
302) 말세(末世) : 불법(佛法)으로 지혜로 삶을 살지 못하는 것. 망념으로 살아가는 것.

수행자는 본래 자기의 자성(自性)으로 수행(修行)을 하는 것인데 모두 타인(他人)을 위하여 익힌다면 이것은 진실로 무슨 마음이겠는가?

〔如厠屋塗丹臒〕

56. 출가 수행자가 대장경 이외의
다른 서적으로 수행하면?

出家303)人, 習外典,304) 如以刀割泥. 泥無所用, 而刀自傷焉.305)

출가(出家)한 사람이 외전(外典)을 공부하여 익힌다면 마치 칼로 진흙을 베는 것과 같다.

진흙을 아무리 끊는다 하여도 진흙은 아무런 작용을 하지 않으므로 자신의 칼(殺人刀, 活人劍)만 저절로 망가지게 된다.

【해解】

門外長者子, 還入火宅中.306)

출가(出家)하여 화택(火宅)의 문밖으로 나왔던 장자(長者)의 아

---

303) 출가(出家) : 번뇌 망념을 가진 자신의 가풍(家風)을 포기하고 망념(妄念)이 없는 진여의 지혜로 삶을 살고자하는 것과 불법(佛法)의 진실을 모르는 이들을 위한 자비심을 발원하는 것이다.

304) 외전(外典) : 수행을 의식의 대상으로 알고 있는 모든 경전.

305) 『止觀輔行傳弘決』卷4(『大正藏』46, 266쪽. 중19.) :「大論曰, 習外道典者, 如以刀割泥, 泥無所成, 而刀日損.」

306) 여기에서는 화택에서 나온 것을 출가라고 한 것이고 다시 화택으로 들어간다는 것은 외전(外典)을 익힌다는 것인데 같은 내용은 아니지만 화택에서 나오게 하는 것을 『妙法蓮華經』2「譬喩品」3에 설하고 있음.
   『妙法蓮華經』2「譬喩品」3(『大正藏』9, 14쪽. 중15)(장자가 불이 난 집에 있는 자녀들을 양의 수레(羊車)와 사슴의 수레(鹿車)같은 고귀한 물건으로 유인하여 화택에서 탈출하게 하는 것이다. 부처님이 번뇌 망념의 세간에 있는 중생을 탈출시키기 위하여 이승(二乘)으로 수행하는 법을 제시하고는 대승법(大乘法)을 제시함.

이가 다시 화택(火宅) 속으로 들어가는 것이다.

※ 외전(外典)으로 수행(修行)을 하는 잘못된 것을 질책하는 것.

〔還入火宅中〕

57. 출가의 이유

出家爲僧, 豈細事乎. 非求安逸也, 非求溫飽也, 非求利名也.
爲生死也, 爲斷煩惱也, 爲續佛慧命307)也, 爲出三界,308) 度衆生
也.309)

출가(出家)하여 스님이 되는 것을 어찌 좁은 소견의 일이라고
하겠는가?

안일(安逸)하기를 구하는 것도 아니고, 따뜻이 입고 배불리 먹으
려는 것도 아니며, 이익과 명예를 추구하려는 것도 아니다.

오직 중생심의 생사(生死)를 다스리기 위한 것이며, 번뇌(煩惱)
를 단절(斷絶)하여 다스리고자 하는 것이며, 부처의 혜명(慧命)을
계승하려는 것이며, 삼계(三界)의 망념(妄念)에서 출세(出世)하여
자비심으로 자타(自他)의 중생(衆生)을 제도(濟度)하는 것을 출가
(出家)라고 한다.

---

307) 혜명(慧命) : 진여의 지혜로 생활하는 것을 계승. 자신의 본래 모습을 되찾는
    인간성을 회복하는 것.
308) 삼계(三界) : 미혹의 세계를 세 단계로 구분한 욕계, 색계, 무색계. 삼계의 중생.
    인간세계를 말함. 법계(法界)와 심계(心界)와 중생계(衆生界)를 말하기도 함.
309) 『緇門警訓』2(『大正藏』48, 1049쪽. 하1 2.) : 「蓋出家爲僧, 豈細事乎. 非求安逸
    也, 非求溫飽也, 非求蝸角利名也. 爲生死也, 爲衆生也, 爲斷煩惱, 出三界海,
    續佛慧命也.」(대개 출가하여 스님이 된 것이 어찌 작은 일이겠는가? 안일을
    구하는 것도 아니고, 따뜻이 배불리 먹는 것을 구하는 것도 아니요, 이익과
    명리를 구하려고 다투려는 것도 아니다. 생사대사의 일과 중생심의 번뇌를 끊고
    삼계의 고해에서 출세하고자 함이며, 부처의 혜명을 계승하고자 함이다.)

【해解】

可謂衝天, 大丈夫.[310]

출가(出家)란 의기(意氣)가 충천(衝天, 沖天)과 같이 바르게 되
어야 대장부가 되는 것이다. (출가사문이 위와 같이 하여야 가위(可
謂) 대장부라고 할 만하다.)

※ 출가하여 진여의 지혜로운 삶을 살아가려고 하면 자신이 하는
   심식이 진여의 공(空)이라는 사실을 깨달아서 불공(不空)의 삶
   을 사는 것을 출가사문이라고 한다.

---

310) 『景德傳燈錄』29「同安常察章」(『大正藏』51, 455쪽. 중.) "丈夫皆有衝天志, 莫向
    如來行處行."(대장부에게는 하늘을 꿰뚫는 기지가 있어야 하는 것으로, 여래가
    행한 것을 똑같이 따라 행하지 않는다.)

   ※ (이것은 진여의 지혜로 생활하는 독자적인 능력을 구족하여야 한다. 그래서 부처가
      행한 것과 같이 똑같이 따라하지 않는다고 한다. 계율이나 불법(佛法)을 어기지
      않고 똑같이 따르는 소승(小乘)이 아닌 의식의 대상경계를 초월하는 대승(大乘)
      을 말하는 것으로 조도(鳥道)나 몰종적(沒蹤跡)을 말한다.)

58. 번뇌망념속에서 살지 말라

佛云, 無常311)之火, 燒諸世間.312) 又云, 衆生苦火, 四面俱
焚.313) 又云, 諸煩惱賊, 常伺殺人. 道人, 宜自警悟, 如救頭燃.314)

부처님께서 말씀하시기를, "무상(無常)한 번뇌 망념의 불로 모든
중생들은 유정(有情)의 세간(世間)에서 자신을 불태우고 있다."
라고 하였다.

또 말씀하시기를, "중생들은 고화(苦火)때문에 사방에서 고통스
러워하고 있다." 라고 하였다.

또 말씀하시기를, "모든 번뇌의 도적들이 항상 그대를 죽이려고
엿보고 있다." 라고 하였다.

그러므로 도(道)를 행하는 이들은 마땅히 자신이 경계(警)하여

---

311) 『景德傳燈錄』5(『大正藏』51, 241쪽. 중3.) :「師曰. 生死事大, 無常迅速. 祖曰.
何不體取無生, 了無速乎. 曰, 體卽無生, 了本無速. 祖曰. 如是如是.」
312) 『佛遺教經論疏節要』1(『大正藏』40, 850쪽. 상8.)
『佛垂般涅槃略說教誡經』1(『大正藏』12, 1111쪽. 상29.):「當念無常之火, 燒諸世
間, 早求自度, 勿睡眠也. 諸煩惱賊, 常伺殺人, 甚於怨家, 安可睡眠, 不自驚(警)寤
(悟). 煩惱毒蛇, 睡在汝心.」
313) 『緇門警訓』卷1(『大正藏』48, 1048쪽. 상22.) :「何也衆生苦火, 四面俱焚. 豈可安
然, 坐談無義.」
『潙山警策句釋記』卷1(『卍續藏』63, 238쪽. 하20.) :「衆生苦火, 四面俱焚. 豈可安
然, 坐談無義.」
314) 『緇門警訓』卷4(『大正藏』48, 1063쪽. 상23.):「維那白云. 衆等當勤精進, 如救頭
然. 但念無常, 愼勿放逸.」
『禪關策進』卷1(『大正藏』48, 1108쪽. 하24.):「永嘉集: 勤求至道. 不顧形命○, 晝夜
行般若. 生生勤精進, 常如救頭然.」
『禪關策進』卷1(『大正藏』48, 1108쪽. 하24.):「常念大乘, 心不忘失, 勤修精進, 如
救頭然.」(항상 대승을 생각하며 마음에서 잃지 말아야 하고, 부지런히 정진 수행
하기를 머리에 붙은 불을 끄는 것과 같이 하여야 한다.)

깨달아서 자기 머리에 붙은 불을 끄듯이 해야 한다.

【解解】

　身有生老病死, 界有成住壞空,315) 心有生住異滅, 此無常苦火,
四面俱焚者也.

　육신(肉身)에 생로병사(生老病死)가 있듯이, 세계에도 성주괴
공(成住壞空)이 있고, 중생심에는 생주이멸(生住異滅)이 있다.
　이것을 무상(無常)의 고화(苦火)가 중생들을 사면에서 함께 불태
우고 있다고 한다.

　謹白參玄人, 光陰316)莫虛度.317)

---

315) 『楞嚴經疏解蒙鈔』卷4(『卍續藏』13, 628쪽. 중7.):「二楞云, 世有過未現, 界有成住
　　壞空. 生有卵胎溼化, 業有婬殺盜. 三種相續, 不斷現行. 皆由最初, 一念忽生之種
　　子. 所謂種種幻化, 皆生如來, 圓覺妙心.」
　　『楞嚴經合轍』卷4(『卍續藏』14, 325쪽. 중3.):「世界有成住壞空, 衆生有生老病死,
　　業果有往復循環等.」
　　『大乘本生心地觀經淺註(第1卷-第3卷)』卷1(『卍續藏』20, 913쪽. 중4.):「看破世間
　　萬法, 皆是無常. (卽世界有成住壞空, 有情有生老病死.)」
　　※ 成住壞空 : 모든 것은 항상하는 것이 없고 계속하여 변화한다는 것이다. 시간적인
　　　의미에서 세(世)를 말하고 공간적인 의미에서 계(界)를 말하고 있다. 모든 물질들
　　　이 변화하는 과정을 성주괴공으로 표현한 것이다.
316) 광음(光陰) : 세월의 흐름을 뜻함.
317) 『景德傳燈錄』30,「南嶽石頭和尙參同契」(『大正藏』51, 459쪽. 중.):「謹白參玄人,
　　光陰莫虛度.」
　　『大慧普覺禪師語錄』13 (『大正藏』47, 865쪽. 하.):「光陰可惜, 時不待人.」

현묘한 지혜를 참구하는 수행자들에게 삼가 고백하니, 시간을 헛되이 보내지 마라.

〔無常之火 燒諸世間〕

59. 명예와 재물에 목적을 두면
업장만 두터워진다

貪世浮名, 枉功勞形, 營求世利, 業火318)加薪.

　세간(世間)의 헛된 명성(名聲)을 탐하면 쓸데없이 몸만 괴롭고, 세간에서 영리(營利)를 추구하면 업화(業火)에 장작을 더 보태는 것이 된다.

【해解】

　貪世浮名者, 有人詩云, 鴻飛天末迹留沙, 人去黃泉名在家. 營求世利者, 有人詩云, 採得百花成蜜後, 不知辛苦爲誰甛. 枉功勞形者, 鑿氷彫刻, 不用之巧也. 業火加薪者, 麤弊色香, 致火之具也.319)

　세간(世間)의 헛된 명성(名聲)을 탐한다는 것을 어느 사람이 시(詩)로 말하기를, "기러기가 하늘 멀리 날아갈 것이면서도 모래

---

318) 업화(業火) : 중생의 악업이 몸을 해치는 것을 불에 비유한 말. 번뇌 망념이 계속하여 자신을 해치는 것.
319) 『妙法蓮華經』卷2「譬喩品」3(『大正藏』9, 13쪽. 중10.) :「汝等莫得樂住, 三界火宅, 勿貪麤弊, 色聲香味觸也. 若貪著生愛, 則爲所燒, 汝速出三界.」(추잡하고 나쁘게 색성향미촉(色聲香味觸 : 의식의 대상)에 탐착하지 말라. 만일 탐하면 애착이 생기게 되므로 곧 바로 그것을 불살라야 그대가 속히 삼계에서 출세한다.) 『法華經玄贊要集』卷33(『卍續藏』34, 879쪽. 중6.):「經言, 汝等莫貪者, 麤弊色聲味觸等, 名播麤妙. 乃至諦無漏, 有爲無爲上界, 如次名麤細也.」

위에 머물던 발자취를 남기려고 하는 것과 같고, 사람은 죽어서 황천으로 갈 것이면서도 그 명성만은 집에 남겨 놓으려고 하는 것과 같네." 라고 하였다.

또 세간의 영리(營利)를 추구한다는 것을 어느 사람이 시(詩)로 말하기를, "온갖 꽃을 찾아가며 애써 꿀을 채집한 후에는, 누구를 위하여 고생을 했는지를 알지 못하는 것과 같다." 라고 하였다.

쓸데없이 몸만 괴롭힌다고 하는 것은 얼음을 가지고 아름답게 조각하는 것과 같아서 소용없는 솜씨가 된다.

업화(業火)에 장작을 더 보탠다는 것은 추잡하고 나쁘게 색성향 미촉을 탐착하면 업화(業火)를 일으키는 도구가 된다고 하는 것이다.

※ 명성과 재물만을 축적하여 자기의 가문에 남기려고 하는 것과 공덕(功德)을 구분하지 못하는 것을 경책하는 것이다.

60. 명리를 추구하지 말라

名利衲子,320) 不如草衣野人.

명리(名利)를 추구하는 수행자는 초야에서 은거(隱居)하는 수행자만도 못하다.

【解】

唾金輪321)入雪山, 千世尊不易之軌則. 末世羊質, 虎皮322)之輩, 不識廉恥(恥), 望風隨勢, 陰媚取寵. 噫! 其懲也夫.323)

---

320) 납자(衲子) : 납은 누더기라는 뜻으로 검소한 수행자를 납자라고 한다. 명리납자는 수행자의 본분을 위배한 것.

321) 금륜왕(金輪王) : 전륜성왕(轉輪聖王). 세계(四洲世界)를 지배할 왕. 부처님이 세속에 있으면 '금륜왕'이 될 것인데, 그것을 버리고 출가하여 대각(大覺) 세존(世尊)이 되어서 인천의 스승이 되어 중생을 제도함.

322) 양질호피(羊質虎皮) : 양의 몸에 호랑이의 가죽을 걸쳤다는 것으로 겉으로 보기에는 위엄이 있으나 실상은 연약한 것을 비유한 것. 『五燈全書』卷61(『卍續藏』82, 254쪽. 상17.) : 「若影響不眞者, 狐狂猥勢, 羊質虎皮.」

323) 징야부(懲也夫) : 장자(莊子)에는 '徵(징)'으로 되어 있다. 자신이 잘 증명해야 하는 것이다. 장자 외편 20장 산목(山木) 8회에서 장자와 위 혜왕과의 대화 말미에 나오는 문구이다. "선비가 도와 덕을 행할 수 없으면 고달프다. - 중략 -, 지금 어리석은 왕과 난잡한 宰相사이에 있음에 고달프지 않기를 바란다면 어찌 가능하겠습니까?" "이는 비간이 가슴을 갈라 심장을 보여주어야 했던 옛일이 증거하고 있습니다.(此比干之見剖心徵也夫 차비간지견부심징야부)" 비간(比干)은 중국 상(商)시대 주왕(紂王)의 숙부로서 본이름은 比이며 간국(干國)에 封해졌기에 비간(比干)이라 불린다. 주왕의 폭정에 신하는 죽더라도 임금께 충간(忠諫)해야 한다고 간언하다가 죽임을 당하였는데, 주왕은 "聖人의 심장에는 일곱 구멍이 있다고 들었다"며 비간의 가슴을 쪼개고 심장을 꺼내어 죽였다. 중국에서 충신의 전형으로 존경을 받는다.

전륜성왕의 자리(金輪)도 버리고 설산(雪山)에 들어가서 깨달음을 체득하는 것은, 모든 세존들이 출세(出世)하여도 바꿀 수 없는 궤칙(軌則)이다.

말세(末世)에는 양의 바탕에 범의 껍질을 쓴 무리들이 염치도 없이 기회에 따라 (힘 있는) 세력에 휩쓸려 아첨하며 잘 보이려고만 한다. 아!(噫) 그것이 바로 징야부(懲也夫)이다.

※ 결국에는 자신의 부모도 죽이게 되는 어리석은 삶을 살지 않게 하려는 것이고, 자신도 죽게 되는 최고가 되고자 하는 욕망만 포기하면 출세하게 된다고 경책하는 것.

心染世利者, 阿附權門, 趨走風塵, 返取笑於俗人. 此衲子以羊質, 證此多行.   以懲也夫, 三字結之. 此三字, 文出[324]莊子.

마음이 망념으로 세간의 명리(名利)에 오염된 수행자는 권문세가에게 아부하고, 풍진(風塵, 세속의 망념으로 이루어진 탐진치)을 좇게 되니 도리어 속인(俗人)들의 웃음거리가 된다.

이런 납자를 양의 바탕에 호랑이 가죽을 쓴 이라고 하는 것은 이와 같은 여러 행동으로 증명되고 있다.

이것 때문에 징야부(懲也夫) 세 글자로 결론을 맺는 것이다. 이 세 글자는 장자에 나온다.

---

324) 장자(莊子) : 1. 장자가 지은 책 이름. 모두 10권. 일명 남화진경(南華眞經) 또는 남화경(南華經). 2. 춘추시대의 송(宋)나라 사람. 이름은 주(周)인데 보통 장자라고 존칭함. 그의 주장이 노자(老子)의 사상에 기초를 두었으므로 노장(老莊)이라 병칭(並稱)함.

※ 출가사문이 명리를 버리고 항상 지혜로운 삶을 살아가게 하는
  것.

〔懲也夫〕

61. 이름만 수행자

佛云, 云何賊人, 假我衣服, 稗販[325]如來, 造種種業.[326]

　부처님께서 말씀하시기를, "어찌하여 도적이 되어 나의 가사를 거짓으로 입고는 여래(如來)를 등에 업고 상거래를 하니 온갖 갖가지 업장(業障)을 짓게 된다." 라고 하셨다.

【解解】

　末法[327]比丘,[328] 有多般名字, 或鳥鼠僧, 或啞羊僧, 或禿居士, 或地獄滓, 或袈裟[329]賊. 噫! 其所以以此.

　말법(末法, 불법(佛法)의 지혜가 없는 것)의 비구는 여러 가지

---

325) 패판(稗販) : 아주 작은 상거래나 그것을 업으로 하는 사람. 구멍가게를 차린 장수.
326) 『首楞嚴經』6(『大正藏』19, 132쪽. 중.)「云何賊人假我衣服, 稗販如來造種種業.」
327) 말법(末法) : 불법(佛法)의 지혜로 살아가지 못하는 것을 말법(末法)이라고 함. 시간의 흐름에 따라 역사적으로 분류하기도 하지만 자신의 의식에서 인연법을 모르는 중생들이 치성하게 되는 것.
328) 비구(比丘) : 불법(佛法)에 어긋남이 없는 진여의 지혜로 생활하는 수행자. 사위의 를 여법하게 구족한 수행자.
　『法華經玄贊要集』卷8(『卍續藏』34, 353쪽. 하2.) :「言三名淨持戒等者, 不同在家俗人空持五戒八戒. 此比丘持二百五十戒, 持五百戒, 具足持此, 名淨持戒.」
329) 가사(袈裟) : 불법(佛法)을 자신이 여법하게 수지(授持)하여 살아간다는 것을 상징하는 법복. 가사에는 오조(五條), 9조, 25조가 있다. 세월과 지역에 따라 형식과 색상의 변화가 있지만 가사의 상징성이 퇴락하는 것을 경계하여 비유한 것으로 사료됨.

이름이 있는데 혹은 박쥐승이라고 하고,

　혹은 벙어리 염소승이라고 하며,

　혹은 머리 깍은 거사라고 하고,

　혹은 지옥의 찌꺼기라고 하며,

　혹은 가사 입은 도둑이라고도 한다.

　아! 그 까닭이 이것 때문이다.

　稗販如來者, 撥因果330)排罪福, 沸騰身口, 迭起愛憎, 可謂愍
也. 避僧避俗曰, 鳥鼠, 舌不說法曰, 啞羊, 僧形俗心曰, 禿居士.
罪重不遷曰, 地獄滓, 賣佛營生曰, 被袈裟賊, 以被架裟賊, 證此多
名.331) 以此二字結之, 此二字, 文出老子.332)

　여래(如來)를 등에 업고 상거래를 한다는 것은 인과(因果)를

---

330) 인과(因果) : 원인과 결과라는 것으로 인연(因緣)이라고도 한다. 이것을 의식하는
　　대상과 의식한 대상경계인 만법(萬法)이 진여본성이 되는 것을 수행이라고 한다.
　　그러므로 인과(因果)를 초월해야 진여본성이 된다.

331) 『諸法集要經』9「敎誡比丘品」30 (『大正藏』권17, 507쪽. 하.):「此破法比丘, 其心常
　　諂詐, 常貪妙飮食, 樂著於欲事, 此惡行比丘, 名著袈裟賊.」(법을 파괴한 비구는
　　그 마음을 항상 아첨하며 속이고, 항상 음식을 탐하며, 즐거운 것에 탐착하는
　　일을 하고자 하는데 이러한 악행 비구를 가사 입은 도적이라고 부른다.)

332) 『老子』57장 :「以正治國, 以奇用兵, 以無事取天下, 吾何以知其然哉. 以此. 天下多
　　忌諱, 而民彌貧. 民多利器, 國家滋昏. 人多伎巧, 奇物滋起. 法令滋彰, 盜賊多有.
　　故聖人云, 我無爲而民自化, 我好靜而民自正, 我無事而民自富, 我無欲而民自
　　樸.」(나라는 정의로 다스려야 하고 전쟁은 기이한 계교로 한다. 하지만 천하는
　　무사(無事)로 취해야 한다. 내가 그것을 어떻게 아느냐 하면 이것에 의해서다.
　　세상에 규제하는 것이 많을수록 백성들은 가난해 지고 백성에게 문명의 이기가
　　많을수록 나라는 혼란에 빠지고 사람들이 기교를 많이 부릴수록 기이한 물건이
　　많이 나오고 법령이 많이 정비되면 될 수록 도둑은 더 많이 늘게 된다. 성인이
　　말하기를, 내가 무위(無爲)로 대하면 백성들은 감화되고, 내가 청정을 좋아하면
　　백성이 바르게 되고, 내가 무사(無事)하면 백성들은 저절로 풍족해 지고, 내가
　　무욕(無欲)이면 백성들은 본래대로 순박해진다.)

부정하고, 죄와 복을 배척(排斥)하며, 몸과 입만 살아나서 세상을 어지럽히어(沸騰, 비등) 사랑과 미움이 지나치게 일어나게 되는 것을 정말로 불쌍한 일(愍)이라고 말한다.

스님(僧)도 아니고 속인(俗人)도 아닌 것처럼 하는 이를 박쥐승이라 하고, 불법(佛法)을 설하지 못하는 이을 벙어리 염소승이라 하고,

모습은 스님이면서 마음을 속인과 같이 하는 이를 머리 깎은 거사라 하며, 죄업이 무거워도 참회하여 벗어날 줄 모르는 이를 지옥덩어리(滓, 앙금, 더러운 것, 찌꺼기)라고 하고,

부처를 팔아서 (생계를) 운영(運營)하는 이를 가사(袈裟) 입은 도둑이라 하는 것이니,

가사(袈裟) 입은 도둑이기 때문에 이와 같은 다양한 이름을 얻게 되는 것이다.

이차(以此) 이 두 글자로 결론 맺는 이 두 글자는 노자에 나온다. (무위(無爲)무사(無事)해야 한다는 것)

62. 은혜를 갚는 법

於戲 佛子,[333] 一衣一食, 莫非農夫之血, 織女之苦. 道眼未明,
如何消得.[334]

아(戲)! 불자(佛子)여, 그대의 옷 한 벌과, 한 끼의 밥이 농부들의
피땀과 직녀(織女)의 고통이 아닌 것이 없다.

도안(道眼)을 분명하게 밝히지 못한다면 어떻게 이용하고 불법
(佛法)을 체득하여 소화시키며 그 은혜로 생활할 수 있단 말인가?

【해解】

傳燈,[335] 一道人, 道眼未明故, 身爲木菌,[336] 以還信施.[337]

---

333) 불자(佛子) : 부처의 자식, 부처의 혜명(慧命)을 계승한 수행자.
　　『攝大乘論釋』8「3 釋應知入勝相品」(『大正藏』31, 206쪽. 중.):「復次佛子有五義, 一
　　願樂無上乘爲種子, 二以般若爲母, 三以定爲胎, 四以大悲爲乳母, 五以諸佛爲
　　父.」(불자에는 다섯 가지 뜻이 있다. 1. 무상승(無上乘, 대승)의 극락에 나기를
　　원하는 것이 종자가 되고 2. 지혜는 어머니가 되고 3. 선정은 태가 되고 4.
　　자비심은 유모가 되고 5.제불(諸佛)은 아버지가 된다.)

334) 『緇門警訓』卷7(『大正藏』48, 1076쪽. 하.):「道眼未明, 心漏未盡, 如何消得.」(도
　　안(道眼)을 분명하게 밝혀서 깨닫지 못하면 번뇌 망념이 다 없어지지 않으므로
　　어떻게 사용하여 불법(佛法)을 체득하겠는가?)

335) 전등(傳燈) :『전등록』중국 송나라의 법안종 스님인 승천 도원선사가 禪宗의
　　법을 전하여 온 역대 조사를 기록한 사서로써 과거 일곱 부처님으로부터 석가모니
　　부처님을 지나 달마대사를 거처 법안종 법제자에 이르기까지의, 깨달은 진리를
　　스승과 제자사이에 이어간다는 傳燈法系를 기록한 전30권의 사서.

336) 목균(木菌) : 목이버섯.

337) 『景德傳燈錄』2「迦那提婆章」(『大正藏』51, 211쪽. 중.):「尊者曰, 汝家昔曾供養
　　一比丘. 然此比丘道眼未明, 以虛霑信施故報爲木菌, 惟汝與子. 精誠供養, 得以

『전등록』에 한 수행자(修道人)가 도안(道眼)을 분명하게 밝히지 못한 탓으로 육신이 나무의 버섯과 같은 존재가 되어 도리어 시주의 은혜를 갚았다고 하였다.

〔消得〕

享之, 餘卽咎矣.」(존자가 말하길, 그대의 집에서 옛날에 한 비구에게 공양을 올렸었다. 그러나 그 비구는 도안을 밝히지 못해서 신시(信施)를 헛되이 쓴 과보로 나무에 버섯이 되듯이 하여 갚았다고 한다. 생각하면 그대가 비구에게 정성스럽게 공양을 올린 것은 공양을 드려서 얻고자 한 것으로 여유가 있어서 그렇게 한 것이 아니던가?)

『佛祖統紀』卷5(『大正藏』49, 175쪽. 중7.)

『沙彌律儀要略增註』卷2(『卍續藏』60, 268쪽. 하20.)

63. 은혜와 과보

故曰, 要識披毛戴角底麼,[338] 卽今, 虛受信施者是. 有人, 未飢
而食, 未寒而衣,[339] 是誠何心哉. 都不思, 目前之樂, 便是身後之
苦也.

그러므로 말하기를, 털을 쓰고 뿔을 이고 있는 중생이 무엇 인가를
알고자 하면 그것은 곧 지금에 신시(信施, 보시물)를 받아서 수행하
지 않고 헛되이 사용하는 이를 말한다.

또 어느 사람은 배가 고프지 않아도 또 먹고, 춥지 않아도 옷을
입는데 이것은 진실로 무슨 마음일까?

모두가 목전(目前)의 쾌락인 바로 이것이 바로 지금 이후에 자기
가 중생으로 고통 받는다는 사실을 도무지 생각하지 않는 짐승과
같다.

---

338) 『緇門警訓』卷7(『大正藏』48, 1077쪽. 하.):「爾要識披毛戴角底麼.」(털을 쓰고 뿔
을 이고 있는 중생이 무엇 인가를 알고자 하는가? 하는 것은 자신의 본모습을
숨기고 짐승과 같은 권력을 휘두르는 수행자등등.)

339) 『禪門諸祖師偈頌』卷1(『卍續藏』66, 739쪽. 상.):「未飢而食, 未寒而衣, 未垢而浴,
未困而眠, 道眼未明, 心漏未盡, 如何消得.」(배가 고프지 않는데도 밥을 먹고,
춥지도 않는데 옷을 입고, 때도 없는데 목욕을 하고, 피곤하지도 않는데 잠을
자면서 도안(道眼)을 분명하게 밝히지 못하니 마음의 번뇌를 다 제거하지 못하였
으므로 어떻게 사용하여 체득하겠는가?

『緇門警訓』卷7(『大正藏』48, 1076쪽. 하.):「未饑而食未寒而衣, 未垢而浴未困而
眠, 道眼未明心漏未盡, 如何消得.」

【해解】

　智論,[340] 一道人, 五粒粟, 受牛身, 生償筋骨, 死還皮肉.[341] 虛受信施, 報應如響.[342]

　『대지도론』에 이르기를, "한 수행자가 다섯 낱알 좁쌀 때문에 소(牛)가 되어서, 살아서는 힘껏 일하여서 보상(報償)해주고 죽어서는 가죽과 살로써 갚았다." 라고 설하고 있다.

　신시(信施, 보시물)를 받아서 수행을 하지 않고 헛되이 사용하면 그 과보가 그림자나 메아리처럼 바로 받게 되는 것이다.

※ 사물의 그림자는 사물이 있으므로 인하여 바로 나타나는 것이고, 소리에 의한 메아리도 소리만 있으면 바로 나타나는 것이기에

---

340) 지도론(智度論) : 『大智度經論』,『大智釋論』,『大智論』,『大論』,『釋論』이라고도 한다. 龍樹(150-250)가 『大品般若經』을 해석한 것으로 後秦때에 구라라집이 번역.

341) 鳩摩羅什 譯,『大智度論』권27「1 序品」(『大正藏』25, 260쪽. 하.):「如憍梵鉢提牛業習故, 常吐食而呞.」(교범발제와 같아서 소의 업이 남아 있어서 항상 음식을 토해서 되새김을 한다.) ※(부처님의 제자 교범발제는 비구로서 아주 과거에 남의 밭에 있는 곡식을 몇 알 따서 잘 익었는가를 알아보고는 그냥 땅에 버린 적이 있었다. 그 과보로 소로 태어나 밭의 주인인 농부의 집에서 살아서는 일을 하고 죽어서는 고기로 그 빚을 갚았다. 교범발제는 소로 살아서 소의 버릇이 많이 남아 있었으므로 소처럼 항상 먹은 음식을 토해 올려 되새김질을 하였다고 한다.)

342) 『續傳燈錄』卷13(『大正藏』51, 553쪽. 상14.):「逝後 靈異不測 報應如響. 緇素追仰, 遺體塑飾, 祈禱尤盛.」『續高僧傳』卷23「釋道安章」(『大正藏』50, 630쪽. 상.):「減割之重, 一米七斤, 如何怠慢, 不能報恩.」(잘못하여 감하고 덜어낸 무게가 쌀 한 톨에 죄가 일곱 근인데 어떻게 태만하여 시주의 은혜에 보답하겠는가?) 『法華經三大部補注』卷11(『卍續藏』28, 349쪽. 중17.):「虛受信施, 後爲肉山.」 『法華經玄贊要集』卷8(『卍續藏』34, 353쪽. 하5.):「僧中有四, 一無慚愧僧, 虛受信施. 二瘂羊果僧, 不解一物, 如驢披師子皮. 三朋黨, 部黨而行, 不修道故. 四世俗僧, 經律論不知, 求誰那直歲之者也.」 『傳戒正範』卷2(『卍續藏』60, 639쪽. 하21.):「一生虛受信施, 將來墜墮三塗.」

자신이 행한 업은 다음에 나타난다고 한 것이 아니고 지금 바로
자신이 과보를 마음에서 받는 다는 것을 설명한 것이다.

〔水牯牛〕

64. 진여의 지혜로 생활하라

故曰, 寧以熱鐵纏身, 不受信心人衣.[343] 寧以洋銅灌口, 不受信心人食.[344] 寧以鐵鑊投身, 不受信心人房舍等.[345]

그러므로 말하기를, "차라리 뜨거운 쇠로 만든 옷을 입을지라도 신심(信心) 있는 이가 주는 옷을 받아 입지 않아야 한다.

차라리 구리 쇳물을 마실지언정 신심(信心) 있는 이가 주는 음식을 받아먹지 않아야 한다.

차라리 끓는 가마솥에 뛰어들지언정 신심(信心) 있는 이가 주는 방사(房舍)에 들어가 눕지 않아야 한다." 라고 한 것이다.

※ 신심(信心) 있는 이가 시주하는 물건을 받지 않는다는 것은 불법(佛法)의 지혜를 체득하지 못하고 의식의 대상으로 제공하는 시줏물은 받으면 과보가 있게 되는 것을 경책하는 것. 신심(信心) 있는 이도 육바라밀을 실천해야 한다는 것을 강조한 것.

---

343) 『梵網經』卷2(『大正藏』24, 1007쪽. 하7.):「寧以熱鐵, 羅網千重, 周匝纏身, 終不以破戒之身, 受於信心檀越, 一切衣服.」
344) 『梵網經』卷2(『大正藏』24, 1007쪽. 하10.):「寧以此口, 吞熱鐵丸, 及大流猛火, 經百千劫, 終不以破戒之口, 食信心檀越, 百味飮食.」
　　『梵網經』卷2(『大正藏』24, 1008쪽. 상7.):「寧以百千刃刀, 割斷其舌, 終不以破戒之心, 食人百味淨食.」
345) 『梵網經』卷2(『大正藏』24, 1007쪽. 하19.):「寧以此身, 投熱鐵鑊, 經百千劫, 終不以破戒之身, 受信心檀越, 千種房舍, 屋宅園林田地.」
　　『緇門警訓』卷7(『大正藏』48, 1076쪽. 중3.):「寧以熱鐵纏身, 不受信心人衣. 寧以洋銅灌口, 不受信心人食.」
　　『經律異相』卷8(『大正藏』53, 44쪽. 하27.)

【해解】

梵網經云, 不以破戒之身, 受信心人, 種種供養, 及種種施物. 菩薩, 若不發是願, 則得輕垢罪.346)

『범망경』에 말하기를, "파계한 몸으로 신심(信心) 있는 이가 주는 온갖 공양물과 갖가지 온갖 보시물을 받지 않겠다고 원력(願力)을 세워야한다.

수행하며 보살도를 실천하고자 하면서 만약 이와 같은 원을 세우지 않으면 바로 경구죄(輕垢罪)를 범하게 된다." 라고 했다.

---

346) 『梵網經』卷2(『大正藏』24, 1007쪽. 중27.) : 「若佛子, 常應發一切願, 孝順父母師僧三寶. 願得好師同學善友知識, 常教我大乘經律. 十發趣十長養十金剛十地, 使我開解, 如法修行, 堅持佛戒. 寧捨身命, 念念不去心. 若一切菩薩不發是願者, 犯輕垢罪. … 復作是願, 願一切衆生, 悉得成佛. 而菩薩, 若不發是願者, 犯輕垢罪.」(일체중생이 모두 성불하기를 원해야 한다. 수행하며 보살도를 실천하고자 하면서 만약에 보살이 이와 같은 원력을 세우지 않으면 경구죄(輕垢罪)를 범하게 된다.)

65. 보시물의 소중함

故曰, 道人進食, 如進毒, 受施如受箭. 幣厚言甘, 道人所畏.[347]

그러므로 말하기를, "도(道, 불법(佛法)의 지혜)로 수행하는 사람은 음식을 먹을 때에 독약을 먹는 것같이 해야 하고,
보시물(施物) 받는 것을 화살을 받는 것과 같이 해야 한다.
두터운 보시(布施)와 칭찬하는 말을 도(道, 지혜로 자신이 망념을 자각하여 굴복시키고 여시한 지혜로 생활)로 수행하는 사람은 항상 그것을 두려워해야 한다." 라고 하고 있다.

【해解】

進食如進毒者, 畏喪其道眼也. 受施如受箭者, 畏失其道果也.[348]

음식 먹기를 독약 먹듯이 하라고 하는 것은 그 도안(道眼, 자신이 여시한 지혜로 생활하는 안목)이 상실(喪失)되는 것을 두려워하기

---

347) 『緇門警訓』卷7(『大正藏』48, 1076쪽. 하20.):「進食如進毒, 受施如受箭, 幣厚言甘, 道人所畏.」
348) 『四分律刪繁補闕行事鈔』卷2(『大正藏』40, 84쪽. 상9.):「七食須觀門五別, 一計功多少, 量彼來處. 二自忖己德行, 全缺多減. 三防心顯過, 不過三毒. 四正事良藥, 取濟形苦. 五爲成道業, 世報非意.」
『敕修百丈淸規』6(『大正藏』48, 1145쪽. 상.):「揖罷作五觀想念云, 一計功多少量彼來處, 二忖己德行全缺應供, 三防心離過貪等爲宗, 四正事良藥爲療形枯, 五爲成道業故應受此食.」

190

때문이다.

　보시물(施物) 받는 것을 화살 받듯이 하라고 하는 것은 그 진여의
지혜로 생활(道果)하는 것을 자신의 마음에서 상실(喪失)하게 되는
것을 두려워하라고 설한 것이다.

〔道果〕

66. 향외치구(向外馳求)

故曰, 修道之人, 如一塊磨刀之石, 張三也來磨, 李四也來磨.
磨來磨去, 別人刀快, 而自家石漸消. 然有人, 更嫌他人, 不來我石
上磨,[349] 實爲可惜.

그러므로 말하기를, "수도(修道)하는 사람은 칼을 가는 한 개의
숫돌과 같아서 온갖 사람이 와서 갈아가는 것과 같다. 연마하러
와서 갈아 가면 남의 칼은 좋아지겠지만 자신의 숫돌은 점점 닳아
없어지게 된다.
그러나 어느 사람은 도리어 남이 와서 나의 숫돌에 칼을 갈지
않는 것을 혐오하며 걱정하고 있으니 참으로 딱한 일이다." 라고
한 것이다.

※ 영리를 위하여 살아가는 것을 경책하는 것.

【解解】

如此道人, 平生所向, 只在溫飽.

이와 같은 수도인(修道人)은 평생 동안 수행을 의식의 대상으로

---

349) 『緇門警訓』卷7(『大正藏』48, 1076쪽. 하16.):「如一塊磨刀石, 一切人要刀快便來,
爾石上磨張三也來磨, 李四也來磨, 磨來磨去別人刀快, 自家石漸消薄, 有底更嫌
他人不來, 我石上磨.」

향외치구(向外馳求)하고 있으며 단지 명예와 재물과 의식(意識)이
풍족한 것(溫飽)을 수행이라고 알고 있다.

※ 수행자는 자신의 마음이 어디로 향해야 하는 것을 경책하는
　 것으로 진여의 지혜로 수행하기를 서원(誓願)하는 것.

〔向外馳求〕

67. 출가자의 진정한 고통

故古語, 亦有之曰, 三途苦,[350] 未是苦, 袈裟下失人身, 始是苦也.[351]

그러므로 고어(古語)에서 역시 말하기를, "삼악도의 고통은 아직 진정한 고통이 아니고, 출가하여 가사(袈裟)를 입고도 자신이 본래 인(人身)이라는 사실을 알지 못하는 것이 비로소 진정한 고통인 것이다." 라고 설하고 있다.

【해解】

古人云, 今生未明心, 滴水也難消,[352] 此所以袈裟下, 失人身也. 佛子佛子, 憤之激之.

---

350) 삼악도(三惡道) : 지옥, 아귀, 축생의 세계. 삼악도의 고통은 지금자신이 해결할 수 있지만 가사를 입고도 진여의 지혜를 모르면 해결할 방법이 없는 것이다.

351) 『虛堂和尙語錄』卷4(『大正藏』47, 1017쪽. 중1.):「出家兒尤宜著鞭, 袈裟下失人身, 萬劫不復. 每日不要, 只管理會他人閑事. 爾自己分上, 無量劫來, 如洪波大浪, 未嘗休息..」
『護法論』卷1(『大正藏』52, 646쪽. 상26.):「亦袈裟下失人身者, 是爲最苦.」
『了堂惟一禪師語錄』卷1(『卍續藏』71, 455쪽. 상23.):「向袈裟下, 得人身者, 如爪甲上土. 向袈裟下, 失人身者, 如大地中土.」

352) 『黃檗禪師傳心法要』卷1(『大正藏』48, 384쪽. 상10.):「汝千日學慧, 不如一日學道. 若不學道, 滴水難消.」
『古尊宿語錄』卷43(『卍續藏』68, 291쪽. 중1.):「若也如是, 萬兩黃金亦消得. 若不如是, 滴水難消.」
『五燈會元』卷16(『卍續藏』80, 328쪽. 중20.):「若作佛法話會, 滴水難消.」
『古尊宿語錄』卷46(『卍續藏』68, 314쪽. 중9.):「汝若擬議, 喪身失命, 似這般見解, 滴水也難消.」

고인(古人)이 말하기를, "지금 일어나는 망심(今生)을 확실하게 자각하여 진여(眞如)본심(本心)이라고 분명하게 알지 못하면, 한 방울 지혜의 물도 해소(解消, 깨달아 체득)하기 어려우므로, 이것 때문에 이른바 가사를 입고도 본래인(人身)의 몸을 잃는다." 라고 했다.

불자(佛子)여! 불자(佛子)여! 분발하고 분발하여 열심히 수행해야 한다.

此章始起, 於一於戱, 終結於一古語, 中間紬繹, 許多故曰字, 亦一段文法也.

이 장은 하나의 오호(於戱)에서 시작하여 한 고어(古語)에서 종결 맺고 중간에 허다한 고왈(故曰)은 주역(紬繹, 상세하게 풀이한 것)을 늘어놓은 것이고 또한 일단(一段)의 법문(法文)이다.

68. 출가사문으로 육신에 대한 애착을 끊게 하는 부정관(不淨觀)

咄哉, 此身九孔常流, 百千癰疽, 一片薄皮. 又云, 革囊盛糞, 膿血之聚, 臭穢可鄙, 無貪惜之. 何況百年, 將養一息背恩.[353]

안타깝도다! 이 육신(肉身)의 몸은 아홉 구멍에서는 더러운 것이 항상 흘러나오는 것이고, 백 천 가지의 종기를 한 조각의 얇은 피부가죽으로 덮어놓은 것과 같다.

또 말하자면, 가죽 주머니 속에는 더러운 것(자신의 뱃속의 내용물)이 가득 담겨있고, 피고름 덩어리가 있어서 더러운 냄새가 나며 비천하게 여기는 것들이 육신(肉身) 속에 있으니 그것을 탐하거나 안타까워할 필요가 없다.

이 육신은 하물며 한 평생 동안 잘 (먹이고, 입히고, 애지중지하며) 길러도 숨 한 번에 그 은혜를 배반한다.

【해解】

上來諸業, 皆由此身, 發聲叱咄, 深有警也. 此身, 諸愛[354]根本, 了之虛妄, 則諸愛自除. 如其耽着, 則起無量過患.[355] 故於此特明

---

353) 『大般涅槃經』卷1「壽命品」1(『大正藏』12, 367쪽. 상29.) :「是身臭穢貪欲獄縛. 是身可惡猶如死狗. 是身不淨九孔常流. 是身如城血肉筋骨皮裹其上.」
　　『禪宗永嘉集』卷1(『大正藏』48, 388쪽. 하1.) :「革囊盛糞, 膿血之聚. 外假香塗, 內唯臭穢.」
354) 애(愛) : 의식의 대상경계를 집착하는 것.

之, 以開修道之眼也.

위에 말한 모든 업장(業障)은 모두가 이 육신(肉身)으로 말미암은 것으로 소리 질러 꾸짖고 매우 경계해야할 것이다.

이 몸은 모든 애욕(愛慾)의 근본이므로 이 몸이 허망하다는 것을 요달(了達)하면 모든 애욕은 저절로 사라진다.

그것을 탐착하게 되면 한량없는 허물과 근심 걱정이 일어나게 된다.

그러므로 이것을 특별히 분명하게 밝혀 수행자들은 안목(眼目)을 개시(開示)하여야 한다.

評曰, 四大無主故, 一爲假四兔. 四大背恩故, 一爲養四蛇. 我不了虛妄故, 爲他人也, 瞋之慢之. 他人亦不了虛妄故, 爲我也, 瞋之慢之. 若二鬼之, 爭一屍也.

평(評)하여 말하기를, 사대(四大, 지수화풍, 육신)는 주인공이 없으므로(無主) 이 한 몸을 네 가지 원수가 일시적으로 모인 것이라고 한다.

사대(四大)는 은혜를 배반하기 때문에 이 한 몸을 네 마리의 뱀을 기른다고도 한다.

아상(我相, 나의 것이라는 주관적인 생각)이 허망하다는 것을 요달(了達)하지 못하므로 타인(他人, 본래인)이 있게 되는 것이기

355) 『大方廣圓覺修多羅了義經略疏』卷1(『大正藏』39, 540쪽. 중5.) :「今初觀身, 身爲諸愛根本. 了之虛妄, 則一切煩惱自除. 如其耽著, 則起無量過患. 故爭名因疾. 廣說無常 苦空無我」

에 또 화도내고 자만하는 것이다.

타인(他人) 역시 허망한 것이라는 것을 요달(了達)하지 못하면 아상(我相)이 있게 되어 또 화도 내고 자만한다.

마치 두 귀신이 한 송장을 가지고 싸우는 것과 같다.

一屍之爲體也, 一曰泡聚, 一曰夢聚, 一曰苦聚, 一曰糞聚, 非徒速朽, 亦甚鄙陋. 上七孔, 常流涕唾, 下二孔, 常流屎尿.[356] 故須十二時中, 潔淨身器, 以參衆數. 凡行麤不淨者, 善神必背去.

하나의 시체(屍體)가 되는 그 육신(肉身)을 또 물거품 덩어리라고 하고,

또 망상(妄想) 덩어리라고 하고, 고통(苦痛) 덩어리라 하고,

또 더러운 것 덩어리라 하는 것은 이것들이 빨리 썩어 버릴 뿐만 아니라 역시 매우 미천 하고 더러운 것(鄙陋, 비누)이기 때문이다.

얼굴 위에 있는 일곱 구멍에서는 눈물과 콧물 같은 것이 항상 흘러나오고, 아래에 있는 두 구멍에서는 대소변이 항상 흘러나오고 있다.

그러므로 항상 몸을 청결하게 하여야 대중과 같이 할 수 있는 것이다.

무릇 행(行)이 거칠고 부정(不淨)하다는 것은 선신(善神, 근원적인 신령한 마음)을 분명히 배반하는 것이다.

---

356) 『緇門警訓』卷8(『大正藏』48, 1084쪽. 상11.)

因果經云, 將不淨手, 執經卷, 在佛前, 涕唾者, 必當獲厠蟲
報.357) 文殊經云, 大小便時, 狀如木石, 愼勿語言作聲.358) 又, 勿
畵壁書字, 又勿吐痰入厠中. 又云, 登厠, 不洗淨者, 不得坐禪床,
不得登寶殿.

『인과경』에 이르기를, "부정(不淨)한 더러운 손으로 경전을 만지
거나, 부처님 앞에서 가래침을 뱉는 이는 반드시 화장실의 구더기가
되는 과보를 받게 된다." 라고 하였다.

『문수경』에 말하기를, "대소변 볼 때에는 모습을 나무나 돌같이
하여 진실로 말하거나 소리 내지 말아야 한다." 라고 하였다.

또, "벽에다 그림을 그리거나 글씨도 쓰지 말고, 또 화장실에서는
함부로 침 뱉지 말라." 라고 하였다.

또 말하기를, "화장실에 다녀와서 청정하게 씻지 않고서는 선상
(禪床)에 앉지도 말고, 법당에 오르지도 말아야 한다." 라고 하였다.

律云, 初入厠時, 先須彈指三下, 以警在穢之鬼,359) 默誦神呪各
七遍.360) 初誦入厠呪曰, 「唵狠嚕陀耶莎訶.361)(옴 ㅎ 로다아 ㅅ바

---

357) 『緇門警訓』卷9(『大正藏』48, 1092쪽. 中10.):「因果經云. 觸手請經, 當獲厠中蟲
    報.」
358) 『文殊師利問經』卷1「菩薩戒品」2(『大正藏』14, 493쪽. 中.):「文殊師利白佛言,「四
    衆於何時中不得作聲?或身口木石, 及諸餘聲.」佛告文殊師利,「於六時不得, 禮
    佛時, 聽法時, 衆和合時, 乞食時, 正食時, 大小便時.」
359) 『緇門警訓』卷9(『大正藏』48, 1092쪽. 上9.):「初入厠時先須彈指三下, 以警在穢
    之鬼. 亦不可痰吐入厠中, 以傷在穢之鬼. 此二項陰德具載藏經, 茲不繁引.」
360) 『毗尼日用錄』卷1(『卍續藏』60, 145쪽. 下21.)
361) 『沙彌律儀毗尼日用合參』卷3(『卍續藏』60, 638쪽. 上13.)
    『禪家龜鑑』卷1(『卍續藏』63, 743쪽. 上.)

唵狠嚕陀耶 莎362); 옴 하로다야 사바하363))」.

次誦洗淨呪曰,「唵賀曩蜜㗚帝莎訶.(옴 하나ᄆ리(라)데ᄉ 唵
賀曩密㗚帝莎; 옴 하나마리데 사바하)」右手執瓶, 左手(用無名
指)洗之, 淨水旋旋傾之, 著實洗淨, 次誦洗手呪曰,「唵主迦囉野
莎訶(옴 주(쥬)가라야 ᄉ바하 唵 主迦囉野 莎 訶; 옴 주가이라야
사바하)」.

次誦去穢呪曰,「唵室利曳婆醢婆嚩賀364)(옴 시리예 바혜 ᄉ바
하 唵室利曳婆醢娑嚩賀; 옴 시리에 바혜 사바하)」次誦淨身呪曰,
「唵跋折囉惱迦吒娑嚩賀.365)(옴 바ᄋ라뇌가닥 ᄉ바하 唵 跋折囉
惱迦吒 娑嚩賀; 옴 바아이라 뇌가닥 사바하)」

계율에 이르기를, "처음 화장실에 들어갔을 때 먼저 반드시 손가
락을 세 번 튕기어 화장실에 있는 민감한 이를 일깨우며, 신주(呪
神)366)를 각각 칠 편씩 묵송(黙誦)하라.

처음 화장실에 들어가서 입측주(入厠呪)「옴 하로다야 사바하」
를 송(誦)하라.

다음에 씻으면서 세정주(洗淨呪)「옴 하나마리제 사바하」를 송
(誦)하라.

---

362) 『禪家龜鑑』(『한국불교전서』7, 642쪽. 3단.)
363) 현대에 번역된 것.
364) 『毗尼日用錄』卷1(『卍續藏』66, 146쪽. 상6.)
365) 『沙門日用』卷1(『卍續藏』60, 216쪽. 하20.)：「洗浴身體, 當願衆生, 身心無垢, 內外
光潔. 唵. 跋折囉惱迦吒莎訶.(七遍. 不得共人語笑, 及小遺. 違者得罪彌重.)」
366) 신주(神呪)：진언(眞言)과 같은 뜻으로 차별분별이 없는 말씀. 진실한 말. 여시한
말. 육자염불인 나무아미타불, 옴마니반매훔과 간화선의 무(無)! 등이 자신의
중생심(衆生心)을 불심(佛心)으로 돈오(頓悟)하게 하는 주문(呪文, 진언)과 같은
것이다.

오른손으로 물병을 잡고 왼손으로 무명지를 써서 항문을 씻고 맑은 물(淨水)을 기우려 부으면서 깨끗이 씻으라.

다음에는 손을 씻으면서 세수주(洗手呪)「옴 주가라야 사바하」를 송(誦)하라.

다음에는 더러운 것을 제거했다는 거예주(去穢呪)「옴 시리예 바헤 사바하」를 송(誦)하라.

다음에는 몸을 청정하게 했다는 정신주(淨身呪)「옴 바아라 뇌가닥 사바하」를 송(誦)하라.” 라고 계율에서 설하고 있다.

此五神呪, 有大威德, 諸惡鬼神, 聞必拱手. 若不如法誦持, 則雖用七恒河水洗, 至金剛際, 亦不得身器淸淨. 又云, 洗淨須用冷水, 洗手須用皂角,[367] 又木屑灰泥, 亦通. 若不用灰泥, 則濁水淋其手背, 垢穢尙存, 禮佛誦經, 必得罪云云. 此登厠洗淨之法, 亦是道人, 日用行實故, 略引經語, 並附于此.

이 다섯 신주(神呪)는 위대한 위덕(威德)이 있으니 모든 악한

---

367) 조각(皂角) : 쥐엄나무. 조협(皂莢).『宏智禪師廣錄』卷3(『大正藏』48, 29쪽. 상6.):
「德云. 垢膩干衫皂角洗」

『緇門警訓』卷9(『大正藏』48, 1092쪽. 상29.):「次用皂團或皂角, 或木屑, 或二桑葉皆可.」

『續傳燈錄』卷33(『大正藏』51, 697쪽. 중3.):「乃卓拄杖下座, 嘗頌臺山婆話云. 開箇燈心皂角鋪, 日求升合度朝昏. 只因風雨連綿久, 本利一空愁倚門.」

『梵網經直解』卷2(『卍續藏』38, 863쪽. 하22.):「犯墮罪, 澡豆卽皂角, 凡出厠畢,以淨身手. 便可禮佛, 持呪誦經.」

『毗尼作持續釋』卷7(『卍續藏』41, 424쪽. 중8.)

『天竺別集』卷3(『卍續藏』57, 48쪽. 하2.):「十三磨手洗淨用黃土. 三四度當用澡豆, 細灰皂角, 亦不得用灰土處, 狼藉當須令掃治.」

『增修教苑淸規』卷2(『卍續藏』57, 342쪽. 상17.):「右手挑灰後, 挑土不得以濕手, 取灰土後, 用皂角洗, 至肘前入厠出厠, 逐一念呪.」

귀신(鬼神, 사나운 사람, 예민한 사람)이 들으면 반드시 합장(拱手)할 것이다.

만약 여법(如法)하게 수지(授持)묵송(黙誦)하지 않으면 비록 칠항하수의 물로 씻어서 불지(佛智, 金剛)의 언덕에 도달할 지라도 역시 몸(身器)은 청정해지지 않는 것이라고 했다.

또 말하기를, "깨끗이 씻을 때는 반드시 냉수를 사용하며 손을 씻음에 모름지기 조각(皂角)을 사용하고 또 나무를 태운 잿물도 무방하다. 만약 잿물을 사용하지 아니하면 물로 손등까지 씻어도 더러운 것이 오히려 남아 있으므로 예불하거나 송경(誦經)하면 반드시 죄가 된다. 운운…" 라고 설하고 있다.

이것은 화장실에서 깨끗이 씻는 법이고 역시 수행자의 일용생활이므로 간략하게 경전의 말씀을 인용하여 여기에 같이 붙인 것이다.

〔了達〕

69. 수행자의
참회법(懺悔法)과 참괴법(慚愧法)

有罪卽懺悔, 發業卽慚愧, 有丈夫氣象. 又改過自新, 罪隨心滅.[368]

죄가 있으면 곧바로 참회(懺悔)하고, 업장(業障)이 발동(發動)하면 곧바로 꾸짖고 부끄러워해야(慚愧) 대장부의 기상(氣象)이 있게 된다.

또한 자신의 업장(業障)인 죄과(罪過)를 고쳐서 자신이 마음에서 자기의 잘못을 깨달아 고치고 새롭게 태어나면 죄과(罪過)는 진여(眞如)지혜의 마음에 따라 소멸된다.

【해解】

懺悔者, 懺其前愆, 悔其後過.[369] 慚愧者, 慚責於內, 愧發於外.[370] 然心本空寂, 罪業無寄.

---

368) 『廣弘明集』卷29(『大正藏』52, 348쪽. 상14.):「浮游三界, 犯十惡五逆, 毀經褻像, 三世所作, 一切衆罪, 能改過自新者, 不問往愆.」
　　『四十二章經註』卷1(『卍續藏』37, 661쪽. 하16.):「若人有過, 自解知非, 改惡行善, 罪自消滅. 改過自新, 罪隨心滅. 如病得汗, 漸有痊損耳, 病得汗則身安, 人改過則心淨.」
369) 『六祖大師法寶壇經』卷1(『大正藏』48, 354쪽. 상1.)
370) 『慈悲水懺法』卷3(『大正藏』45, 976쪽. 상9.)
　　『圓覺經道場修證儀』卷3(『卍續藏』74, 392쪽. 중11.)
　　『釋氏要覽』卷2(『大正藏』54, 278쪽. 하9.)

참회(懺悔)라는 것은 지금 이전의 허물을 뉘우치는 것이 참(懺)이고, 지금 이후에 그 과오(過誤)를 다시 범(犯)하지 않는 것이 회(悔)이다.

참괴(慚愧)는 자기 마음속의 허물을 꾸짖는 것이 참(慚)이고 밖으로는 자신의 허물을 드러내어 창피를 받게 하는 것이 괴(愧)이다.

그러므로 죄업(罪業)의 중생심도 본래는 공적(空寂)하여 죄업(罪業)이 있는 곳은 없다.

〔懺悔〕

70. 수행자의 사위의(四威儀)

道人宜應端心, 以質直[371])爲本,[372]) 一瓢一衲, 旅泊無累.

진여의 지혜로 생활하는 사람은 마땅히 마음을 단정히 하되 근본(質)을 정직(正直)하게 하는 것으로 근본을 삼아야 한다.
표주박 한 개와 누더기 한 벌로 청정한 사위의(四威儀)를 구족(具足)하면 어디를 가든지 속박되는 것이 없다.

【해解】

佛云, 心如直絃.[373]) 又云, 直心是道場.[374]) 若不耽着身, 則旅泊無累.[375])

부처님께서 말씀하시기를, "불심(佛心)의 지혜로운 생활은 곧은 거문고 줄과 같아야 한다." 라고 하였다.
또 경에 말하기를, "직심(直心)이 좌도량(坐道場, 불국토)이다."

---

371) 질직(質直) : 정직한 마음. 진여의 지혜로 생활하는 것.
372) 『佛垂般涅槃略說教誡經』卷1(『大正藏』12, 1111쪽. 중25.):「汝等比丘, 諂曲之心 與道相違, 是故宜應質直其心. 當知諂曲但爲欺誑, 入道之人則無是處. 是故汝 等, 宜應端心以質直爲本.」
373) 『大佛頂如來密因修證了義諸菩薩萬行首楞嚴經』卷6(『大正藏』19,132쪽. 하22.): 「若諸比丘心如直絃, 一切眞實入三摩提永無魔事.」
374) 『維摩詰所說經』卷1「菩薩品」4(『大正藏』14, 542쪽. 하14.):「我問, 道場者何所 是? 答曰, 直心是道場, 無虛假故, 發行是道場. 能辦事故, 深心是道場. 增益功德 故, 菩提心是道場. 無錯謬故, 布施是道場. 不望報故, 持戒是道場.」
375) 『遺教經補註』卷1(卍續藏』37, 633쪽. 하1.):「長餘不積, 旅泊無累.」

라고 하였다.

　만약 이 육신(肉身)에 대하여 탐착하지 않으면 곧 어디를 가더라도 속박되는 것이 없다.

〔四威儀〕

71. 이승(二乘)에서 대승(大乘)으로
수행하는 법

凡夫取境, 道人取心. 心境兩忘, 乃是眞法.[376]

범부(凡夫)는 의식의 대상경계를 취(取)하려고 하고 수행자들은
불심(佛心)을 취(取)하려고 한다.
불심(佛心)과 의식의 대상경계 두 가지를 모두 다 버려야만 진실
한 불법(佛法)의 지혜로 살아가게 된다.

【해解】

取境者, 如鹿之趂(趁)空花也. 取心者, 如猿之捉水月也. 境心雖
殊, 取病則一也. 此合論凡夫二乘.

의식의 대상경계를 취(取)하려고 한다는 것은 마치 목마른 사슴
이 아지랑이(空花, 風塵, 세속의 망념으로 이루어진 탐진치)를
물인 줄 알고 쫓아가는 것과 같고,
고정된 불심(佛心)을 취(取)하려고 한다는 것은 마치 원숭이가
물에 비친 달(佛心)을 잡으려는 것과 같다.

---

376) 『黃檗山斷際禪師傳心法要』卷1(『大正藏』48, 381쪽. 상20.):「凡夫取境, 道人取
心, 心境雙忘乃是眞法.」
　　『景德傳燈錄』卷9(『大正藏』51, 271쪽. 하21.):「離一切相卽是佛. 凡夫取境, 道人取
心, 心境雙忘乃是眞法.」

의식의 대상경계와 불심(佛心)이 비록 다르지만 다 취(取)하려고 하는 것은 곧 똑같은 것이다.

이것은 범부와 이승(二乘, 성문과 연각)을 합쳐서 논(論)한 것이다.

天地尙空秦日月,[377]　山河不見漢君臣.[378]

천지(天地)에는 오히려 진(秦)나라의 일월(日月, 진여지혜의 생활)은 없고,

산하(山河)에도 한(漢)나라 임금과 신하를 볼 수 없네.

※ 의식의 대상경계(境界)와 진여불심을 취하려고 하는 것을 경계(警戒)하는 것으로 천지(天地)와 산하(山河)는 무심(無心)하여 공(空)이므로 대상으로 친견하는 것은 불가능한 것이다. 중생은 대상으로 친견하려고 하고 수행자는 고정된 마음으로 친견하려고 취향(取向)하는 것을 경계(警戒)하는 것이다. 즉 중생이 천지의 모든 경계를 자기의 것으로 취하려고 하니 실제로 진여의 지혜로 생활을 하지 못하게 되고, 고정된 불심을 취하려고 하면 어디에서나 자신의 부처는 친견하지 못함.

---

377) 진나라가 중국을 통일했을 적엔 하늘의 해와 달도 진나라의 것인 줄 알았더니 진나라가 망하고 나니 하늘의 해와 달이 진나라 것이 아님을 알고, 한나라가 통일했을 땐 한나라 군신(君臣)들이 중국 천지를 지배하더니 역시 망하고 나니 중국 천지에 한나라 군신은 없더라.

378) 『續傳燈錄』卷4(『大正藏』51, 489쪽. 하3.):「曰, 如何是人境兩俱奪. 師曰, 天地尙空秦日月, 山河不見漢君臣.」
　　『人天眼目』卷1(『大正藏』48, 301쪽. 상20.):「觀云, 天地尙空秦日月, 山河不見漢君臣.」

72. 대승보살의 수행법

聲聞宴坐林中, 被魔王捉, 菩薩遊戲世間, 外魔不見.

성문(聲聞)은 숲 속에 연좌(宴坐)하여도 마왕에게 붙잡히고, 보살(菩薩)은 세간(世間)에서 유희(遊戲)하여도 외도(外道)와 마군(魔軍)들이 보지 못한다.

【해解】

聲聞,379) 取靜爲行故心動, 心動則鬼見也. 菩薩, 性自空寂故無迹, 無迹則外魔不見. 此合論二乘菩薩.

성문(聲聞)은 적정(寂靜)을 취(取)하는 것을 수행(修行)이라고 하므로 망심(妄心)이 발동하는 것이니, 망심(妄心)이 발동하면 망심(妄心)의 귀신(鬼神, 교활한 사람)이 엿보게 된다.

보살(菩薩)은 본성(本性)이 본래부터 공적(空寂)하기 때문에 종적(蹤跡)이 없고 종적(蹤跡)이 없으므로 외도(外道)와 마군(魔軍)들이 보지 못한다.

이것은 이승(二乘)의 수행(修行)과 보살(菩薩)의 수행(修行)을

---

379) 성문(聲聞) : 불법(佛法)을 듣고 깨닫는 사람을 성문이라고 함. 성문을 사과(四果)로 나누어 아라한의 계위에 나아가는 것을 최고로 생각하는 수행. 불법(佛法)의 가르침을 조금도 어기지 않고 수행하는 수행자를 말함. 여기에서 성문, 연각을 소승이라고 하는 것은 불법(佛法)을 너무나도 잘 지키기 때문에 소승이라고 한다.

같이 논(論)한 것이다.

　三月懶遊花下路, 一家愁閉雨中門.[380)]

　(성문(聲聞)은) 춘삼월 꽃나무 아래에서 유희(遊戲)를 싫어하며 열반적정에 들려고 하니 엿보는 귀신들이 알게 되고,
　(보살(菩薩)은) 일가(一家, 佛心의 지혜로 사는 家門)에서는 근심을 단절하고 법우(法雨)의 문중(門中)에 임운자재(任運自在)하고 있으니 외도와 마군들이 보지 못하네.

※ 성문은 열반적정을 취하려고 하는 것을 수행이라고 하는 망심(妄心)이 있는 것이므로 아무리 좋은 곳에서 수행을 하여도 종적(蹤跡)을 남기게 되어 교활한 사람들에게 드러나 알려지고, 보살은 진여의 지혜로 생활하니 근심 없이 불법(佛法)의 가문에서 임운자재하게 살아가니 자신의 마라가 들어오지 못하는 것.

---

380) 『景德傳燈錄』卷13(『大正藏』51, 303쪽. 중18.):「問, 有無俱無去處時如何. 師曰. 三月懶遊華下路, 一家愁雨中門.」
　『續古尊宿語要』卷3(『卍續藏』68, 427쪽. 상14.):「便道, 聞聲悟道, 見色明心, 若恁麼會. 病有見聞, 且不落見聞, 作麼生道. 三月懶遊花下路, 一家愁閉雨中門.」

73. 오로지 중생심의 목숨인
생사만 버리면 부처

凡人, 臨命終時, 但觀五蘊381)皆空, 四大無我, 眞心無相, 不去
不來. 生時性亦不生, 死時性亦不去, 湛然圓寂, 心境一如. 但能如
是, 直下頓了, 不爲三世所拘繫, 便是出世, 自由人也. 若見諸佛,
無心隨去, 若見地獄, 無心怖畏. 但自無心, 同於法界,382) 此卽是
要節也.383) 然則, 平常是因, 臨終是果, 道人, 須着眼看.

범부(凡夫)가 중생심의 목숨을 버리고자 하면 단지 오온(五蘊,
색수상행식)이 모두 공(空)이라고 관조(觀照)하여 자각하면 사대
(四大, 지수화풍)의 이 육신(肉身)도 무아(無我, 나의 것이라는
주관적인 생각이 없는 것)가 되는 것이고,

진여의 지혜(眞心)는 무상(無相, 번뇌망념의 집착이나 속박이
없는 것. 망념이 없는 것)이므로 가고 오는 것이 아닌 불생불멸(不生
不滅)이다.

---

381) 오온(五蘊) : 색수상행식(色受想行識)의 다섯 가지로 이루어진 것을 말한다. 色은
모든 물질적인 존재로 대상경계이고, 受는 받아들이는 인식작용. 想은 대상에
비교 분별하는 의식작용, 行은 판단하여 인식하고 조작하는 것. 識은 대상경계와
일행삼매가 되어 낱낱이 분석하여 확인 검증하여 인식하는 것.
『般若心經解義節要』卷1(『卍續藏』26, 805쪽. 中20.) : 「五蘊者, 色受想行識也. 蘊
者積聚也. 空者眞空也. 色者色身也. 受者領納也. 想者思想也. 行者造作也. 識者
分別也. 識卽心王, 受想行是, 心所作也.」

382) 법계(法界) : 자신이 의식하는 대상경계. 차별분별을 여읜 불법(佛法)의 세계.

383) 『黃檗山斷際禪師傳心法要』卷1(『大正藏』48, 381쪽. 하5.) : 「凡人臨欲終時, 但觀
五蘊皆空, 四大無我, 眞心無相, 不去不來, 生時性亦不來, 死時性亦不去. 湛然圓
寂, 心境一如, 但能如是, 直下頓了. 不爲三世所拘繫, 便是出世人也. 切不得有分
毫趣向. 若見善相, 諸佛來迎, 及種種現前, 亦無心隨去. 若見惡相, 種種現前,
亦無心怖畏. 但自忘心, 同於法界, 便得自在, 此卽是要節也.」

망념(妄念)이 생겨도 불성(佛性, 본성)에는 망념이 없고 망념(妄念)이 사라져도 불성(佛性, 본성)은 없어지는 것이 아니므로 담연(湛然)하고 원적(圓寂)하여 망념(妄念)과 대상경계가 일여(一如)가 되어야 한다.

　　단지 능인(能仁, 能人, 부처)으로 여시(如是, 여여, 진여)하기만 하면 직하(直下, 곧바로)에 돈오(頓悟)하고 요달(了達)하게 되어 삼세(三世)의 인과(因果)에 구속받지 않고 바로 출세(出世)하여 자유인이 된다.

　　만약 제불(諸佛)을 친견하여도 무심(無心, 妄心이 없는 것)하니 부처를 따라 똑같이 행(行)하지 않고, 만약에 지옥에 가더라도 무심(無心, 妄心이 없는 것)하니 두려운 마음이 없다.

　　단지 자신이 무심(無心, 妄心이 없는 것)하게 되면 법계(法界)와 같아질 것이니 이것이 바로 가장 요긴한 것이다.

　　그러므로 평상심(平常心)이 보살도(因)이고 중생심의 목숨을 버리는 것이 진여(眞如)의 지혜로 생활(果)하는 것이므로 수행자는 반드시 이 말에 착안(着眼)하여 간화(看話)해야 한다.

【解解】

怕死老年, 親釋迦.[384]

384)『佛祖綱目』卷37(『卍續藏』85, 728쪽. 상12.):「求名壯歲投宣聖, 怕死老年親釋迦.」
　　　『佛法金湯編』卷12(『卍續藏』87, 425쪽. 하8.):「求名少日投宣聖, 怕死老年親釋迦.」* 邵康節 (소강절, 1011~1077: 안락선생)의 시 "명리를 구할 젊을 적엔 선성(宣聖)을 따르고, 죽음을 두려워하는 노인이 되어야 석기를 친견하네.(求名少

죽음을 두려워하는 노인과 같이 되어야 석가를 친견하게 된다.
※ 망념이 없는 노인이 되어야 무심(無心)의 도리를 체득하게 된다.

好向此時明自己, 百年光影轉頭非.[385)

진여의 지혜로 생활을 하면 지금 자기의 본래면목을 분명하게
자각하게 되니,
일생동안 의식의 대상경계만 따르던 것을 머리를 전환시켜 초월
하네.

日慕直聖, 怕死老年親釋迦)"
385) 『證道歌頌』卷1(『卍續藏』65, 445쪽. 하3.) : 「魔强法弱多怨害. 善惡雖殊佛性同,
好向此時明自己, 百年光影轉頭空.」
『松源崇嶽禪師語錄』卷1(『卍續藏』70, 88쪽. 상7.) : 「相逢若是箇中人, 終不隨他光
影轉.」

74. 미세한 차별분별도 용납하지 않아야 한다

凡人, 臨命終時, 若一毫毛, 凡聖情量不盡, 思慮未忘, 向驢胎馬腹裡, 托質泥犁, 鑊湯中煮煠, 乃至 依前再爲, 螻蟻蚊虻.[386)

범부(凡夫)가 중생심의 목숨을 버릴 때에 만약 털끝만큼이라도 범부(凡夫)와 성자(凡聖)라는 중생심의 분별(分別)이 다하지 않고 분별심(思慮)이 조금이라도 남아 있으면,

나귀의 태속이나 말의 뱃속으로 가서 자신의 본질을 수고우로 의탁(依托)하기도 하고,

※ 자신의 근본을 수고우와 같이 은혜를 갚는 윤회를 근본으로 하는 것.

지옥의 끓는 가마 속에서 고통을 받기도 하고,

※ 아상, 인상(人相, 命相)의 감정이 남아있는 것.

내지(乃至) 예전처럼 다시 개미나 모기 같은 미물처럼 살게 된다.

※ 무명(無明)의 중생으로 살아가는 것.

---

386) 『景德傳燈錄』卷28(『大正藏』51, 444쪽. 하22.)
　　『宗範』卷1(『卍續藏』65, 305쪽. 중19.):「不如五戒凡夫, 臨終聖凡, 情量不盡, 纖塵絲念未忘, 輕重五陰, 向驢胎馬腹托質, 鑊易爐炭煮燒, 從前記憶見解, 一時失却, 依舊再爲, 螻蟻蚊虻.」※螻蟻蚊虻: 개미, 모기 등의 미물.

白雲387)云, 設使一毫毛, 凡聖情念, 淨盡, 亦未免入驢胎馬腹
中, 二見388)星飛, 散入諸聚.389)

백운선사가 말하기를, "설사 털끝만큼이라도 범부나 성인이라는
중생심을 가지고 있으면서 청정하게 한다면 하면 역시 나귀나
말의 뱃속에 의탁(依托)하는 것을 면하지 못하고,
두 소견(범부나 성인이라는 차별심)이 잠시라도 생기게 되면
육도에 윤회하게 된다."라고 하였다.

烈火茫茫, 寶劍當門.

맹렬한 망념의 업화(業火)가 계속일어나면(茫茫),
마니보주와 활인검(活人劍, 殺人刀)의 지혜로 생활하게 하여
생멸(生滅)을 대적하네.

評曰. 此二節,390) 特開宗師, 無心合道門, 權遮敎中, 念佛求生
門. 然根器不同, 志願亦異, 各各如是,391) 兩不相妨. 願諸道者,
平常隨分, 各自努力, 最後刹那,392) 莫生疑悔.

---

387) 백운(白雲守端,1025-1072)
388) 이견(二見) : 범부와 성자. 중생과 부처, 생사와 열반 등의 차별 분별심.
389) 제취(諸聚) : 육도윤회(천상, 인간, 아수라, 축생, 아귀, 지옥)
390) 73단과 74단. 각주 380과 383참조.
391) 무심합도문(無心合道門)의 선문(禪門)과 염불구생문(念佛求生門)의 교문(敎門)
    을 가리킨다.

평(評)하여 말하였다. 위의 두 구절은 특별히 종사(宗師)께서 무심(無心)하면 도(道)에 계합(契合)하는 방법(門)을 개시(開示)함으로 인하여, 방편으로 교학(敎學) 중에서 염불하여 극락세계에 왕생(往生)하기를 구(求)하는 것을 막아놓은 것이다.

그러나 사람마다 근기(根器)가 같지 않고, 본심(志)과 원력(願力)도 역시 다르지만 각각(各各)이 여시(如是)하기만 하면 두 가지 방법(無心合道門, 念佛求生門)이 서로 방해되지 않는다.

바라건대 모든 수행자들은 평상심(平常心)으로 자기의 분수에 따라 각자 노력하여 최후의 찰나(순간)에도 의심하거나 후회하는 마음이 일어나지 않게 하여야 한다.

※ 일행삼매가 되어야 한다.

---

392) 찰나(刹那) : 시간의 가장 작은 단위로 순간을 찰나라고 한다. 대상경계를 인식하는 순간이전의 짧은 시간을 찰나라고 함.

75. 완공(頑空)에 빠지는 것을 경계함

禪學者, 本地風光,[393] 若未發明, 則孤峭玄關, 擬從何透. 往往斷滅空以爲禪, 無記空以爲道, 一切俱無, 以爲高見. 此冥然頑空,[394] 受病幽矣. 今天下之言禪者, 多坐在此病.

진여의 지혜로 생활(參禪)하기를 배우고자 하는 수행자가 본래부터 자기 심지(心地, 본성)의 지혜로 생활하는 것이 허공의 바람과 같은 지혜로 생활해야 한다는 사실을, 만약에 분명하게 밝히지 못하면서 즉 높고 험난하고 현묘한 지혜로 사는 현관(玄關)을 알음알이로 어떻게 투득(透得, 통과하여 체득)할 수 있겠는가?

종종(往往, 항상, 때때로, 가는 곳마다) 단멸(斷滅)하여 없는 것을 공(空)이라고 알고 진여의 지혜로 생활(禪修行)을 한다고 하기도 하고,

무기(無記, 자신의 지혜가 없는 것)를 공(空)이라고 알고 진여의 지혜로 생활을 한다고 하기도 하며,

일체법이 모두 없다(無)라고 아는 것이 고귀한 견해라고 알고 선수행(禪修行)을 한다고 하기도 한다.

이것들은 분명히 말하지만 완공(頑空, 空見, 편협 된 空)이므로 자신의 심병(心病)만 더 깊어지게 된다.

지금 천하(天下)에서 참선(參禪)수행하는 이들에 대하여 말하여

---

393) 본지풍광(本地風光) : 본래부터 자기 심지(心地, 본성)의 지혜로 생활하는 것이 허공의 바람과 같이 지혜로 생활해야 한다는 것. 즉 자기의 본심을 자각하는 지혜는 허공에 부는 바람과 같이 어디에서나 자유자재한 지혜를 말하는 것.
394) 완공(頑空) : 편협된 공. 공견(空見), 법공(法空)에 집착하는 견해. 단멸공(斷滅空)과 무기공(無記空)과 일체무(一切無) 등을 가리킨다.

보면 많은 좌선(坐禪)수행자들이 이 병(病, 斷滅空, 無記空, 一切俱無)을 가지고 있다.

【해解】

　向上一關,395) 措足無門. 雲門396)云, 光不透脫, 有兩種病. 透過法身,397) 亦有兩種病.398) 須一一透得, 始得.

　항상 진여의 지혜로 생활하는 일개성자의 조사관문은 망념(妄念)이 발붙일 방법(門)이 없다.
　운문선사가 말하기를, "지혜를 투득(透得)하여 해탈(解脫)하지 못하면 두 가지 병이 있게 되고, 투과(透過)하여 법신(法身)이 되어도 역시 두 가지 병이 있게 된다. 반드시 하나하나의 지혜를 투득(透得)해야 비로소 체득하는 것이다."라고 했다.

　不行芳草路,399) 難至洛花村.400)

---

395) 향상일관(向上一關) : 향상일로(向上一路), 향상사(向上事). 항상 진여의 지혜 작용을 하는 일개성자의 조사관문.
396) 운문(雲門, 864~949)
397) 법신(法身) : 법성(法性)으로 이룩된 불심(佛心). 보신(법성의 지혜), 화신(법성의 지혜로 생활).
398) 『雲門匡眞禪師廣錄』卷2(『大正藏』47, 558쪽. 상20.)
　　『五燈會元』卷15(『卍續藏』권80, 307쪽. 상11.)
399) 『宗寶道獨禪師語錄』卷3(『卍續藏』72, 749쪽. 중23.):「師云, 出門不踏芳草路, 如何是愼勿實諸所無.」
　　방초로(芳草路) : 중생의 번뇌 망념이 있는 사바세계.
400) 『禪宗雜毒海』卷7(『卍續藏』65, 92쪽. 상9.):「不知天地本無根, 到老全無刀斧痕.

218

번뇌 망념의 중생계에서 지금 지혜로 생활(行)을 하지 못하면,
지금 진여의 지혜로 생활하는 것은 어렵게 되네.

〔玄關〕

俋得同行箇上座, 夜來扶過落花村.」낙화촌(洛花村): 지금 진여의 지혜로 생활하
는 것. (극락세계)

76. 대종사의 병

宗師, 亦有多病, 病在耳目者, 以瞠眉努目, 側耳點頭, 爲禪. 病
在口舌者, 以顚言倒語, 胡喝亂喝,[401] 爲禪. 病在手足者, 以進前
退後, 指東畫西, 爲禪. 病在心腹者, 以窮玄究妙, 超情離見, 爲禪.
據實而論, 無非是病.[402]

종사(宗師)에게도 역시 많은 병(病)이 있는데,

병(病)이 귀와 눈에 있는 대종사(宗師)라고 하는 이는, 눈썹을
올려서 눈을 크게 뜨는 것(瞠眉努目)과 귀를 기울이고 고개를 끄덕
이는 것(側耳點頭)을 선수행법(禪法)이라고 하는데 이것을 대종사
의 병이라고 한다.

병(病)이 언변(口舌, 구설)에 있는 대종사라고 하는 이는, 말이나
언어문자에 조리가 없이 횡설수설하고 의미 없는 할(胡喝亂喝)을
하는 것을 선수행법(禪法)이라고 하는데 이것을 대종사의 병이라
고 한다.

병이 수족(手足)에 있는 대종사(宗師)라고 하는 이는, 이리저리
앞으로 나아갔다가 뒤로 물러갔다가 하며 본질을 깨닫지 못하고
이것저것을 사량 분별하여 논의 하는 것(指東劃西, 指東畫西)을
선수행법(禪法)이라고 하는데 이것을 대종사의 병이라고 한다.

병(病)이 마음속에 있는 대종사(宗師)라고 하는 이는, 현묘(玄
妙)한 지혜로 생활을 마음으로 궁구(窮究)하여서 중생심을 초월하

---

401) 할(喝) : 속음은 갈이나 불가에서는 할로 발음한다. 망념(妄念)이 일어나는 것을
　　경책하기 위하여 제자를 지도하는 방편으로 사용함.
402) 『禪林寶訓』卷4(『大正藏』48, 1036쪽. 상21.)

고 자기의 견해를 벗어나게 하는 것을 선수행법(禪法)이라고 하는데 이것을 대종사의 병이라고 한다.

　진실(眞實)에 의거하여 논(論)하면 어느 것이든 병 아닌 것이 없다.

【해解】

　殺父母者, 佛前懺悔, 謗般若403)者, 懺悔無路.404).

　부모(父母)를 살해하고도 살아 있는 이는 불전(佛前)에 참회(懺悔)라도 하겠지만,
반야(般若)를 비방(誹謗)하는 자는 참회할 길도 없다.

※ 반야의 지혜는 깨달음의 지혜인데 왜 하필이면 참회할 길도
　없다고 했는가 하면 자기 자신을 자기가 속이는 것이기에 참회할
　방법이 없게 되는 것이다. 그러므로 그것을 강조하기 위하여
　할 수 없이 부모살해라는 최후의 말을 한 것이다.

---

403) 반야(般若) : 지혜 또는 밝은 것이란 뜻이다. 지식은 분별지이고 지혜는 무분별지이
　　다.
404) 『大慧普覺禪師語錄』卷24(『大正藏』47, 912쪽. 상17.):「僧問雲門, 殺父殺母向佛
　　前懺悔, 殺佛殺祖時却向甚處(麼)懺悔. 雲門云, 露.」
　　『大休珠禪師語錄』卷7(『가흥장』27, 203쪽. 상13.):「問, 殺父殺母, 向佛前懺悔, 殺
　　佛殺祖, 向甚處懺悔. 答, 燈籠露柱.」

空中撮影, 非爲妙, 物外追蹤, 豈俊機.

허공 속에서 의식의 대상경계인 그림자를 붙잡는 일도 현묘한
일이 아닌데,
　세간 밖의 기묘한 것을 추종(追蹤)하는 것이 어찌 대단한 지혜라
고 하겠는가?

〔大宗師〕

77. 수행자는 항상 자신이
번뇌망념을 타파해야 함

本分宗師, 全提此句, 如木人唱拍, 紅爐點雪, 亦如石火電光.
學者, 實不可擬議也. 故古人,[405] 知師恩曰, 不重先師道德, 只重
先師, 不爲我說破.[406]

본분사(本分事)를 체득하여 실천하는 종사(宗師)가 완벽하게
제시(提示)한 본분사의 말씀을 보면 마치 목인(木人)이 노래하며
손뼉을 치는 것과 같고, 불타는 화로위에서 떨어지는 눈을 세는
것과 같고 또 역시 전광석화(電光石火)와 같다.
　수행자(修行者)는 진실로 의심(擬心)하여 헤아리면 안 된다.
　그러므로 고인(古人)이 그 스승의 은혜를 알고 말씀하시기를,
"선사(先師)의 도덕(道德)을 귀중하게 여긴 것이 아니고,
　단지 선사(先師)께서 나에게 설법(說法)으로 타파(打破)하여 주
지 않은 것을 귀중하게 생각합니다." 라고 하신 것이다.

※ 자신이 스스로 하게 하는 능력을 제시함에 감사한다. 각자가
　독자적인 지혜로 생활해야하기 때문이다.

---

405) 고인(古人) : 동산 양개(洞山良价)
406) 『筠州洞山悟本禪師語錄』卷1(『大正藏』47, 509쪽. 중17.)
　　『大慧普覺禪師語錄』卷30(『大正藏』47, 943쪽. 상13.):「所以古人云. 我不重先師
　　道德, 只重先師不爲我說破. 若爲我說破, 豈有今日, 便是這箇道理也.」
　　『景德傳燈錄』卷15(『大正藏』51, 322쪽. 상14.):「師曰. 我不重先師道德, 亦不爲佛
　　法, 只重不爲我說破.」

不道不道, 恐上紙墨.

언어문자로 생각하여도 안 되고 말할 수도 없는 것이니,
도(道)가 언어문자로 기록되는 것은 두려운 것이네.

箭穿江月影, 須是射鵰人.

화살로 강물에 비친 달을 꿰뚫으면,
반드시 본래인(射鵰人, 장인, 전문가)이 분명하네.

※ 방편의 화살로 의식의 대상경계를 통달하면 반드시 본래인이
   된다.

78. 임제종(臨濟宗)의 근원

大抵學者, 先須詳辨宗途. 昔馬祖[407]一喝也, 百丈[408]耳聾, 黃檗[409]吐舌.[410] 這一喝, 便是拈花消息, 亦是達磨初來底面目. 呼, 此臨濟宗之淵源.

대체로(大抵, 대개) 수행자는 먼저 반드시 상세하게 종파(宗途)를 분명히 판단해야 한다.

옛날에 마조(馬祖)의 일할(一喝)에 백장(百丈)은 귀가 멀었고, 황벽은 혀가 빠졌다.

이 근본적인 일할(一喝)이 곧바로 염화미소(拈花微笑)의 소식(消息)이고 역시 달마가 처음 온 본래면목이다. 아! 이것이 임제종의 근원이다.

※ 임제종은 임제가 마조의 평상심(平常心)이 도(道)라는 말을 인용한 것에서 기인하여 할이나 염화미소 등이 평상심(平常心)이 도(道)라는 것과 같은 종지(宗旨)를 계승(繼承)하여 가르친 것이 임제종의 근원이 된 것. 임제가풍은 뒷장을 참조.

---

407) 마조도일(馬祖道一, 709~788)
408) 백장회해(百丈懷海, 749~814, 720~814)
409) 황벽(黃檗, ?~850)
410) 『景德傳燈錄』卷6(『大正藏』51, 249쪽. 하13.):「馬大師一喝, 直得三日耳聾眼黑, 黃檗聞擧不覺吐舌.」

【해解】

　識法者懼, 和聲便打.

　불법(佛法)을 대상으로 아는 것을 걱정하는 것은,
　남의 소리를 듣고 그대로 따라하면 바로 조작이 되므로 곧 타파해
야 한다.

　杖子一枝無節目, 慇懃分付夜行人.

　주장자는 하나의 가지도 없고 구분도 없는 안목(眼目)이니,
　은근(慇懃)히 망념(妄念)이 없는 수행자에게 부촉하네.

　昔馬祖一喝也, 百丈得大機, 黃檗得大用. 大機者, 圓應爲義.
大用者, 以直截爲義. 事見傳燈錄.411)

　옛날에 마조의 일할(一喝)에 백장은 대기(大機)를 체득했고,
　황벽은 대용(大用)을 체득했다.
　대기(大機)는 (지혜가) 원만하게 두루 상응한다는 뜻이다.
　대용(大用)은 망념(妄念)을 바로 끊는다(直截, 직절)는 뜻이다.
　이것은 『전등록』에 기록되어 있다.

---

411) 『景德傳燈錄』卷6(『大正藏』51, 249쪽. 하11.)

79. 다섯 종파

大凡祖師, 宗途有五, 曰臨濟宗, 曰曹洞宗, 曰雲門宗, 曰潙仰宗, 曰法眼宗.

대체로 조사(祖師)의 종파(宗派)에는 다섯 갈래가 있는데 즉 임제종, 조동종, 운문종, 위앙종, 법안종412)을 말한다.

---

412) 오가칠종(五家七宗) : 南宗禪各派之總稱. 卽臨濟.潙仰.曹洞.雲門.法眼等五家, 加上出自臨濟之楊岐派.黃龍派, 合稱七宗. 禪宗自菩提達磨六傳至慧能, 下出南嶽懷讓.靑原行思二巨匠. 此二支之傳承如下, 南嶽之下經馬祖道一.百丈懷海.黃蘗希運至臨濟義玄, 大振禪道, 是爲臨濟宗. 又義玄之下, 經興化存奬.南院慧顒.風穴延沼.首山省念.汾陽善昭至石霜楚圓, 楚圓傳黃龍慧南與楊岐方會, 創黃龍派.楊岐派. 另百丈懷海下有潙山靈祐, 潙山傳仰山慧寂, 立潙仰宗. 靑原之下有曹洞.雲門.法眼等三宗.『釋氏源流五宗世譜定祖圖序』.『佛祖統紀』29.『敎外別傳』7.『五家宗派圖』.

80. 임제종(臨濟宗)

臨濟宗; 本師釋迦佛, 至三十三世,[413] 六祖慧能大師下直傳, 曰
南嶽懷讓, 曰馬祖道一, 曰百丈懷海, 曰黃檗希運, 曰臨濟義玄,
曰興化存獎[414] 曰南院道(首)[415]顒,[416] 曰風穴延沼,[417] 曰首山
省念,[418] 曰汾陽善昭, 曰慈明楚圓, 曰楊岐方會, 曰白雲守端, 曰
五祖法演, 曰圜悟克勤, 曰徑山宗杲禪師等.

임제종; 나의 본래부터 스승(本師)인 석가모니불에서부터 (일물
一物이) 제33세인 육조혜능대사(638~713)에게 계승(繼承)되어
혜능 문하(門下)에서부터 직계(直系)로 전(傳)하여 내려가는 조사
들은 다음과 같다.

남악회양(677~744)→마조도일(709~788)→백장회해(749~814)
→황벽희운(?~850)→임제의현(?~867)→홍화존장(830~888)→남
원도옹(860~930)→풍혈연소(896~973)→수산성념(926~993)→분

---

413) 삼십삼세(三十三世) : 33조사라고 하며 불법(佛法)을 계승한 법맥을 계승하기
    위하여 중심이 되는 분을 기록한 것. 불교의 교단을 유지계승하기 위하여 교주를
    선정한 것이지만 명예나 권력을 위한 것이 아니고 후대에 선정하여 기록한 것이다.
    인도에서 28대인 달마대사(達磨大師)가 중국에 와서 중국의 초조(初祖)가 되고,
    그로부터 6대인 혜능대사(慧能大師)까지를 33조사라고 한다. 28대 보리달마(菩
    提達磨) 2, 혜가(慧可) 3, 승찬(僧璨) 4, 도신(道信) 5, 홍인(弘忍) 6, 혜능(慧能).
    또 이것을 돈황본『육조단경』에서는 혜능이 제40세라고 되어 있음. 이와 같은
    조통설은 견해에 따라 차이가 약간씩 있으나 일물(一物)이 잘 계승되었으면
    되는 것.
414) 흥화존장(興化存獎, ?~925)
415) 불교전서에는 도옹(道顒)으로 되어 있고 속장경에는 수옹(首顒)으로 되어 있음.
416) 남원도옹(南院道顒, 860~930(庚寅))
417) 풍혈연소(風穴延沼, 896~973)
418) 수산성념(首山省念, 926~993)

228

양선소(947~1024)[419]→자명초원(986~1039)[420]→양기방회
(992~1049)[421]→백운수단(1025~1072)→오조법연(?~1104)[422]→
원오극근(1063~1135)→경산종고(1089~1163)[423]선사 등이다.

〔臨命終時〕

419) 분양선소(汾陽善昭, 947-1024)
420) 자명초원(慈明楚圓, 986-1040)
421) 양기방회(楊岐方會, 992-1049)
422) 오조법연(五祖法演, ?-1104)
423) 경산종고(經山宗杲, 1089-1163)

81. 조동종(曹洞宗)

曹洞宗424); 六祖下傍傳,425) 曰靑原行思,426) 曰石頭希遷,427)
曰藥山惟儼,428) 曰雲巖曇晟,429) 曰洞山良价,430) 曰曹山耽
章,431) 曰雲居道膺432)禪師等.

조동종; 육조문하에서 방계(傍系)로 (일물一物)을 계승하여 전
(傳)한 조사(祖師)들은 다음과 같다.

청원행사(?~740)→석두희천(700~790)→약산유엄(745~828)→
운암담성(782~841)→동산양개(807~869)→조산탐장(840~901)→
운거도응(?~902)선사 등으로 계승되었다.

---

424) 조동종(曹洞宗) : 청원행사 문하인 동산과 조산의 선풍(禪風)을 말함.
425) 육조방전(六祖傍傳) : 33조사는 불법(佛法)의 종지를 계승한 조사이며 교단을
    대표로하는 사람이다. 여기에서 방계(傍系)라고 서산이 말하는 것은 임제종이외
    의 사람들을 모두 말하는 것인데 시대적인 상황을 말하는 것이지 직계나 방계나
    차별이 있는 것은 아니다. 33조사나 직계, 방계가 아무런 의미가 있는 것은
    아니다. 종단이나 교단을 유지하기 위한 방편이지 불법(佛法)은 주고받을 수
    있는 것은 아니다. 현대의 종단도 불법(佛法)이 살아 있어야 선불교(禪敎)라고
    할 수 있는 것이다.
426) 청원행사(靑原行思, ?-740)
427) 석두희천(石頭希遷, 700-790)
428) 약산유엄(藥山惟儼, 745-828)
429) 운암담성(雲巖曇晟, 782-841)
430) 동산양개(洞山良价, 807-869)
431) 조산탐장(曹山耽章, 839-901)
432) 운거도응(雲居道膺, ?-902)

82. 운문종(雲門宗)

雲門宗; 馬祖傍傳,[433] 日天王(天皇)道悟,[434] 日龍潭崇信,[435] 日德山宣鑑,[436] 日雪峯義存,[437] 日雲門文偃,[438] 日雪竇重顯,[439] 日天衣義懷[440]禪師等.

운문종(雲門宗); 마조도일(馬祖道一, 709~788)의 방계(傍系)로 (일물一物)이 전(傳)해진 법맥은 천황도오(天王道悟, 748~807)→용담숭신(龍潭崇信)→덕산선감(德山宣鑑, 780~865)→설봉의존(雪峯義存, 822~908)→운문문언(雲門文偃, 864~949)→설두중현(雪竇重顯, 980~1052)→천의양회(天衣義懷, 989~1060)선사禪師 등으로 계승되었다.

---

433) 마조방전(馬祖傍傳) : 운문종은 청원행사→석두희천→용담숭신→덕산선감→설봉의존→운문문언에서 운문종이 출현. 운문종과 법안종은 마조의 문하가 아니고 석두의 법맥이다.
434) 천황도오(天皇道悟, 748~807)
435) 용담숭신(龍潭崇信)
436) 덕산선감(德山宣鑑, 780~865)
437) 설봉의존(雪峰義存, 822~908)
438) 운문문언(雲門文偃, 864~949)
439) 설두중현(雪竇重顯, 980~1052)
440) 천의의회(天衣義懷, 989~1060)

83. 위앙종(潙仰宗)

潙仰宗; 百丈[441]傍傳, 曰潙山靈祐,[442] 曰仰山慧寂,[443] 曰香嚴智閑,[444] 曰南塔光涌,[445] 曰芭蕉慧淸,[446] 曰霍山景通,[447] 曰無著文喜[448]禪師等.

위앙종(潙仰宗); 백장회해(749~814)의 방계(傍系)로 (일물一物)이 전(傳)해진 법맥은 위산영우(潙山靈祐, 771~853)→앙산혜적(仰山慧寂, 807~883)→향엄지한(香嚴智閑, ?~898)→남탑광용(南塔光涌, 850~938)→파초혜청(芭蕉慧淸, ?~?)→곽산경통(霍山景通, ?~?)→무착문희(無著文喜, 821~900)선사 등으로 계승되었다.

---

441) 백장회해(百丈懷海, 749혹은720-814)
442) 위산영우(潙山靈祐, 771-853)
443) 앙산혜적(仰山慧寂, 807-883)
444) 향엄지한(香嚴智閑, ?-898)
445) 남탑광용(南塔光涌, 850-938)
446) 파초혜청(芭蕉慧淸) : 신라에서 태어나 당(唐)에 들어가 남탑광용의 법(法)을 듣고 대오(大悟).
447) 곽산경통(霍山景通) : 앙산의 법을 계승.
448) 무착문희(無着文喜, 821-900) : 절강성 가화(嘉禾)사람으로 성(姓)은 주(朱)씨이다. 앙산혜적의 법을 계승.

84. 법안종(法眼宗)

法眼宗; 雪峰傍傳, 曰玄沙師備,[449] 曰地藏桂琛,[450] 曰法眼文益,[451] 曰天台德韶,[452] 曰永明延壽,[453] 曰龍濟紹修,[454] 曰南臺守安[455]禪師等.

법안종(法眼宗); 설봉의존의 방계(傍系)로 (일물一物)이 전(傳)해진 법맥은 현사사비(玄沙師備, 835~908)→지장계침(地藏桂琛, 867~928)→법안문익(法眼文益, 885~958)→천태덕소(天台德韶, 891~972)→영명연수(永明延壽, 904~975)→용제소수(龍濟紹修, ?~?)→남대수안(南臺守安, ?~?)선사 등으로 계승되었다.

---

449) 현사사비(玄沙師備, 835-908)
450) 지장계침(地藏桂琛, 867-928)
451) 법안문익(法眼文益, 885-958)
452) 천태덕소(天台德韶, 891-972)
453) 영명연수(永明延壽, 904-975)
454) 용제소수(龍濟紹修) : 지장계침(地藏桂琛)의 법을 계승. 무주(撫州)의 용제산(龍濟山)에서 교화.
455) 남대수안(南臺守安) : 지장계침(地藏桂琛)의 법을 계승. 강주(江州)의 오공원(悟空院)에 있다가 나중에 형악(衡岳)의 남대사(南臺寺)에 거주함.

85. 임제가풍(臨濟家風)

臨濟家風; 赤手單刀, 殺佛殺祖. 辨古今於玄要, 驗龍蛇於主賓.
操金剛寶釰(劍),[456] 掃除竹木精靈, 奮獅子全威, 震裂狐狸心膽.
要識臨濟宗麼, 靑天轟霹靂, 平地起波濤.[457]

임제의 가풍(臨濟家風); 적육단상(赤肉團上)에 있는 무위진인
(無位眞人)이 살인도(殺人刀)로 망념(妄念)을 죽이고 활인검(活人
劍)으로 부처의 지혜를 살려내어서 부처라는 의식의 대상경계를
마음에서 죽이고 조사(祖師)라는 의식의 대상경계를 마음에서 죽
여 진인으로 살아가게 한다.

그리고 고금(古今)의 현요(玄要)를 분명하게 하여 용(龍, 悟)과
뱀(蛇, 迷悟)을 주객(主賓)으로 시험하여 수행자를 파악한다.

금강보검(金剛寶劍)을 잡고 대나무와 나무(竹木)의 정령(精靈,
고정된 관념의 번뇌)을 쓸어버리고 사자(獅子, 부처)의 모든 위용으
로 여우들(狐狸, 疑心)의 심장과 간담(肝膽)을 찢어버린다(震裂,
진열).

임제(臨濟)의 종지(宗旨)를 정확하게 알고 깨달으면,

푸른 하늘에 벼락이 치고,

평평한 곳에서 파도가 일어나게 된다.

※ 임제께서 고정관념을 타파하게 하시는 것을 말하는 것으로 살불

---

456) 劍자는 불교전서, 釰자는 속장경에 의함.
457) 『人天眼目』卷2(『大正藏』48, 311쪽. 중7.)

살조, 적육단상 등은 언어로 말하는 고정된 의식을 파괴하여
활인검으로 지혜를 살려내는 것을 벼락과 파도 등으로 표현한
것.

〔活人劍〕

86. 조동가풍(曹洞家風)

曹洞家風; 權開五位458), 善接三根. 橫抽寶釖(劍),459) 斬諸見稠
林. 妙協弘通, 截萬機穿鑿. 威音那畔,460) 滿目烟光, 空劫461)已前,
一壺風月. 要識曹洞宗麼, 佛祖未生空劫外, 正偏462)不落有無
機.463)

조동의 가풍(曹洞家風); 방편으로 오위(五位)를 개시(開示)한
것은 세 부류 (상중하)근기의 사람들을 근본에서 제접(提接)하는
것이다.
　그리고 지혜의 보검을 들고 가로막으며 모든 견해(見解) 무수한

---

458) 조동오위(曹洞五位) : 조동종 개창자인 동산양개, 조산본적선사는 체(본체)와
　　용(현상)의 일치를 통하여 수행하는 것. 정중편(正中偏)은 체(體)가운데 용(用)이
　　있고, 이치 가운데 사(事)가 갖추어 있는 것을 알아서, 하는 것이 있는 공부(有爲功
　　用)로써 닦아 가는 삼현(三賢)의 지위(地位). 편중정(偏中正)은 사(事) 속에 이치
　　가 있음을 아는 것. 정중래(正中來)는 이치대로 일을 닦고(如理修事) 성품에
　　어기지 않게 실행하여 가는 것.(有功用之修行) 편중지(偏中至)는 사(事)가 이치에
　　맞고 용이 체(體)에 어울려 종일 닦되 닦는 바가 없고, 항상 쓰되 쓰는 것이
　　없는 경지.(無功用之修行) 겸중도(兼中到)는 사와 이치가 무르녹고 체(體)와 용이
　　하나가 되어, 어디나 걸림이 없는 부처의 지위. 이것을 정편 오위라고 한다.
459) 劍자는 불교전서, 釖자는 속장경에 의함.
460) 위음왕불(威音王佛) : 공겁(空劫)에 맨 처음 성불한 부처이다. 그러므로 무한히
　　먼 것 또는 맨 처음이란 뜻으로 쓰고, 따라서 종문(宗門)에서는 본분(本分)의
　　뜻으로 쓴다. 『법화경』상불경보살장에 나오는 부처인데 상불경보살은 바로 이
　　최초의 위음왕불 상법시대 말경에 출현하여 일체중생을 단행예배[但行禮拜]하였
　　으나, 거만하여 남을 깔보기를 즐기는 사부 대중에게 핍박을 당하였다.
461) 공겁(空劫) : 사겁(四劫) 중의 성주괴공겁(成住壞空劫)에서 공겁. 망념(妄念)이
　　성주괴한 다음에 망념이 모두 파괴된 것을 공겁(空劫)이라고 한다. 시간과 공간의
　　의미를 초월한 진공(眞空)을 말함. 진공묘유에서 진공(眞空).
462) 정편(正偏) : 정(正)은 체(體), 이(理), 법성(法性)이고 진여(眞如)를 뜻한다. 편(偏)
　　은 용(用), 사(事), 법상(法相)이고 지혜의 작용을 뜻한다.
463) 『人天眼目』卷3(『大正藏』48, 320쪽. 하5.)

망념을 제거한다.

　현묘한 지혜를 널리 통달하여서 정확(協)하게 체득하면 모든 사람들이(萬機) 망념(妄念)으로 천착(穿鑿)하는 것을 절단(截斷)하게 된다.

　위음왕불(威音那畔)이전의 소식으로 지혜가 자신의 안목에 가득하여(滿目) 연기처럼 망념을 항복시켜서 지혜가 작용하니(烟光)464), 공겁이전(空劫已前)의 진여지혜가 넓게 작용하는 경지(壼)에서 풍월(風月, 시절인연이 도래)이 시작 된다.

　조동의 종지(宗旨)를 정확하게 알고 깨닫게 되면,

　부처와 조사라는 망념의 의식이 생기기 전의 공겁(空劫) 밖의 소식이고,

　본체(正)로 작용(偏)하는 지혜이므로 유무(有無)의 지혜에 떨어지지 않네.

---

464) 又落又是現相, 卽焌煙光三種相現也. 又落又是增盆等, 謂焌相現卽作息災, 煙相現卽作降伏, 光相現卽作增盆.」

87. 운문가풍(雲門家風)

雲門家風; 劍鋒有路, 鐵壁無門. 掀翻露布葛藤, 剪却常情見解.
迅電不及思量, 烈焰寧容湊泊,[465] 要識雲門宗麼, 拄(柱)[466]杖子
跨[467]上天, 盞子裏諸佛說法.[468]

운문의 가풍(雲門家風); 칼날(劍鋒) 위에서 진여의 지혜로 생활
하는 길이 있고, 불심(信心)은 은산(銀山)철벽(鐵壁)이 되어야 무
문(無門, 고정된 문은 없으니 모두가 문)이 된다.

천하에 드러난 갈등을 타파하고 항상 중생심으로 작용하는 견해
(見解)를 잘라버리네.

번개처럼 빠른 진여의 지혜로 생활하는 것이므로 사량 분별이
미칠 수 없는데, 맹렬한 망념(妄念)의 불을 머무르게 어찌 허락하겠
는가?

운문의 종지(宗旨)를 정확하게 알고 깨닫게 되면,

주장자(拄杖子, 진여의 지혜)로 천상(天上, 조물주)을 뛰어넘는
도리를 자각하고,

찻잔 속에서 제불(諸佛)의 설법(說法)을 친견하네.

---

465)『人天眼目』卷2(『大正藏』48, 313쪽. 중11.):「直是劍鋒有路, 鐵壁無門. 打翻路布
　　葛藤, 剪却常情見解. 烈焰寧容湊白, 迅雷不及思量.」
466) 柱자는 불교전서, 拄자는 속장경에 의함.
467) 발(跱) : 뛸 발. 뛸 붕(蹦)자 같은 뜻이다.
468)『人天眼目』卷2(『大正藏』48, 313쪽. 상22.)
　　『人天眼目』卷2(『大正藏』48, 313쪽. 중10.)

88. 위앙가풍(潙仰家風)

潙仰家風; 師資唱和, 父子一家.[469] 脇下書字,[470] 頭角崢嶸, 室
中驗人, 獅子腰折[471]. 離四句絶百非,　一搥粉碎, 有兩口無一
舌,[472] 九曲珠通,[473]要識潙仰宗麼, 斷碑橫古路, 鐵牛眠少室.

위앙의 가풍(潙仰家風); 스승(師)과 제자(資) 간에 게송을 지어
묻고 화답하니(唱和) 아버지와 아들이 일가(一家)를 이루는 것이
다.

(수고우의) 옆구리에 (위산승영우)라는 글자를 쓰고 머리 위에

---

469) 『人天眼目』卷6(『大正藏』48, 331쪽. 상21.):「師資唱和, 父子一家. 明暗交馳, 語
　　默不露.(潙仰)」
470) 협하서자(脇下書字):『潭州潙山靈祐禪師語錄』卷1(『大正藏』47, 581쪽. 하25.):
　　「老僧百年後, 向山下作, 一頭水牯牛,　左脇下書五字云, 潙山僧某甲, 當恁麼時,
　　喚作潙山僧, 又是水牯牛. 喚作水牯牛, 又是潙山僧. 畢竟喚作甚麼郎得. 仰山出禮
　　拜而退.」(위산이 말하기를, '노승이 죽어서 산 아래 단월의 집에 소로 태어나면서
　　왼쪽 옆구리에 [潙山僧靈祐]라고 적혀 있으면 그 때에 위산승이라고 부르면
　　소를 승이라고 부르는 것이 되고 수고우라고 부르면 또 위산승을 그렇게 부른
　　것이 된다. 필경에는 어떻게 부를 것인가?' 라고 하니 앙산이 예배하고 물러갔다.)
471) 『大光明藏』卷2(『卍續藏』79, 700쪽. 하4.):「師乃出. 祐曰, 獅子腰折也. 師與潙山
　　行次, 烏銜一紅柿墮前.」
472) 유양구무일설(有兩口無一舌):『景德傳燈錄』卷21(『大正藏』51, 377쪽. 허22.):
　　「問, 如何是佛法大意. 師曰. 兩口無一舌.」
　　『佛果圜悟禪師碧巖錄』卷4(『大正藏』48, 177쪽. 중18.):「諸人還知這, 僧問處 與雲
　　門答處麼, 若知得, 兩口同無一舌. 若不知, 未免顢頇.」
　　『人天眼目』卷4(『大正藏』48, 323쪽. 하11.)
　　『(重編)曹洞五位顯訣』2(『卍續藏』63, 209쪽. 하11.):「石霜云, 他無出入息. 仰山
　　云, 兩口無一舌, 此例甚多.」
473) 구곡주통(九曲珠通):공자가 자로에게 가서 꿀과 개미를 구해 오게 했다. 그리고
　　구슬의 한쪽 구멍에 꿀을 묻히고 개미허리에 실을 매어 반대편 구멍으로 개미를
　　밀어 넣었다. 개미가 꿀을 찾아 먹으며 들어가 꼬불꼬불한 아홉 구비를 돌아
　　반대쪽의 구멍으로 나왔다.(『蘇軾詩注』有得九曲珠, 穿之不得, 孔子教以脂塗于
　　線, 使蟻通之.) 언어문자로 알려고 하는 현실의 방편지를 체득하게 하는 것.

뿔을 고귀하게 하고는 방장실에서 본래인을 시험하니 사자(獅子)가 요절(腰折)하는 것이다.

사구(四句)를 여의고 백비(百非)로 절단하여 한 망치에 부숴버리므로(粉碎) 두 사람의 문답은 있으나 모두 하나의 언어문자가 없는 무설토이니 아홉 번 구부러진 구슬에 실을 꿰어 통과시키는 것과 같다.

위앙의 종지(宗旨)를 정확하게 알고 깨닫게 되면, 부러진 비석이 고로(古路, 본래의 길)를 가로 막고 있는 것을 자각하는 것이고, (뿔이 없는) 철우(鐵牛)가 소실(少室, 험준한 곳, 보리달마)에서 면벽하며 잠자고 있는 소식 이네.[474]

※ 진여의 지혜로 생활하는 것은 언어문자를 초월한 것이므로 언어문자라는 부러진 비석이 진여의 지혜를 가로 막고 있는 것을 초월해야 하고, 망념이 없는 진여의 지혜를 구족하니 달마의 9년 면벽을 초월하는 것이 위앙의 종지(宗旨)로 즉 시절인연을 초월해야 하네.

---

474) 『人天眼目』卷6(『大正藏』48, 330쪽. 하14.):「爲仰宗 (五)祖云. 斷碑橫古路. (禾)山云. 暗機圓合. (正)堂云. 目前無異路. (護)國云. 推不向前, 約不退後. 雪云. 無角鐵牛眠少室.」

89. 법안가풍(法眼家風)

法眼家風[475]; 言中有響, 句裡(裏)[476]藏鋒. 髑髏常干世界, 鼻孔[477]磨觸家風. 風柯月渚, 顯露眞心. 翠竹黃花, 宣明妙法. 要識法眼宗麼, 風送斷雲歸嶺去, 月和流水過橋來.[478]

법안의 가풍(法眼家風); 말을 하면 메아리가 있듯이 언구(言句) 속에 지혜로운 생활(鋒)을 함장하고 있는 것이고,

해골(髑髏, 망념이 없는 것. 正法)은 항상 망념의 세계와 창과 방패처럼 관련된 것에서 본래면목(鼻孔)으로 수행하는 것이 법안(法眼)종의 가풍(家風)이다.

나뭇가지에 부는 바람소리를 듣고 정념(正念)을 이루면 진심(眞心)으로 지혜로운 생활(顯露, 현로)을 하게 된다.

푸른 대나무와 노란 국화꽃이 현묘한 법(妙法)으로 선명(宣明)하게 작용하고 있는 것이다.

법안의 종지(宗旨)를 정확하게 알고 깨닫게 되면,

(지혜의) 맑은 바람이 (망념의) 구름을 쫓아서 고갯마루를 넘어 본래로 돌아가게 하고,

밝은 달이 물에 비쳐도 물이 다리 아래로 흘러가는 것을 방해하지 않는 것을 자각하네.

---

475) 『人天眼目』卷6(『大正藏』48, 331쪽. 상23.):「聞聲悟道, 見色明心. 句裏藏鋒, 言中有響.(法眼)」
476) 裏자는 불교전서, 裡자는 속장경에 의함.
477) 비공(鼻孔) : 자신의 본래면목.
478) 『人天眼目』卷6(『大正藏』48, 331쪽. 상12.):「溪光野色浸樓臺, 一笛遙聞奏落梅. 風送斷雲歸嶺去, 月和流水過橋來.(法眼)」

※달이 물에 비쳐도 물이 흐르는 것을 방해하지 않는 것과 같이
진여의 지혜로 생활하면 어디에도 여여(如如)하므로 걸림이 없
는 것.

〔月和流水過橋來〕

90. 별명임제종지(別明臨濟宗旨)

別明臨濟宗旨; 大凡一句中, 具三玄, 一玄中, 具三要. 一句無文綵卽(印),[479] 三玄三要, 有文綵卽(印).[480] 權實玄, 照用要.[481]

특별히 임제의 종지(宗旨)를 분명하게 설명함; 대체로 일구(一句) 중에는 삼현(三玄)이 구족되어 있고, 일현(一玄) 중에는 삼요(三要)가 구족되어 있다.

일구(一句, 궁극적인 깨달음의 지혜)는 언어문자로 표현할 수 없는 모양의 이언(離言)진여(眞如)를 말하는 법인(法印)이고,

삼현(三玄)과 삼요(三要)는 언어문자로 표현한 의언(依言)진여(眞如)를 말하는 법인(法印)이다.

방편과 진실(權實)은 현지(玄旨, 진여지혜의 생활)를 나타낸 것이고, 조용(照用, 스승이 제자를 간파하여 제도하는 것)은 요문

---

479) 무문채인(無文綵印) : 무문인(無文印)이라고도 하며 언어문자로 표현할 수 없는 모양의 이언(離言)진여(眞如)를 말하는 법인(法印)을 무문채인이라고 하며, 삼현(三玄)과 삼요(三要)는 언어문자로 표현한 의언(依言)진여(眞如)를 말하는 법인(法印)은 유문채인인 것이다.
480) 印자는 불교전서, 卽자는 속장경에 의함.
481) 『鎭州臨濟慧照禪師語錄』卷1(『大正藏』47, 497쪽. 상15.)
『佛果圓悟禪師碧巖錄』卷4(『大正藏』48, 177쪽. 상28.):「臨濟下有, 三玄三要. 凡一句中, 須具三玄, 一玄中須, 具三要.」
『人天眼目』卷1(『大正藏』48, 302쪽. 상1.):「師云. 大凡演唱宗乘, 一語(句中)須, 具三玄門. 一玄門, 須具三要. 有權有實, 有照有用, 汝等諸人作麼生會. 後來汾陽昭和尙, 因擧前話乃云. 那箇是三玄三要底句.」
『人天眼目』卷2(『大正藏』48, 311쪽. 중19.):「三玄者, 玄中玄, 體中玄, 句中玄. 三要者, 一玄中, 具三要, 自是一喝中, 體攝三玄三要也.」
『景德傳燈錄』卷12(『大正藏』51, 291쪽. 상12.):「曰, 如何是第三句. 師曰. 看取棚頭弄傀儡, 抽牽全藉裏頭人. 師又曰. 夫一句語, 須具三玄門. 一玄門, 須具三要, 有權有用, 汝等諸人作麼生會.」

(要門, 제행으로 왕생)이 된다.

〔要門〕

91. 삼구(三句)

三句482); 第一句, 喪身失命. 第二句, 未開口錯. 第三句, 糞箕掃
箒.483)

삼구(三句); 제 일구(一句)는 상신실명(喪身失命)484)이다.

※ 제일구(一句)는 불법(佛法)의 궁극적인 말씀인 무언(無言)무설
(無說)을 말하는 것으로 이 일구(一句)에서 자각하려면 모든
중생심의 목숨을 완전히 버려야 것으로 주객을 초월한 경계지성
의 경지를 말한다.

---

482)『鎭州臨濟慧照禪師語錄』卷1(『大正藏』47, 502쪽. 상5.):「若第一句中得, 與祖佛
爲師. 若第二句中得, 與人天爲師. 若第三句中得, 自救不了.」(일구에서 체득하
면 조불의 스승이 되고 이구에서 체득하면 인천의 스승이 되고 삼구에서 체득하면
자신이 구제하여 요달하지 못한다.)
『鎭州臨濟慧照禪師語錄』卷1(『大正藏』47, 497쪽. 상15.)
483)『雲門匡眞禪師廣錄』卷1(『大正藏』47, 546쪽. 상14.)
『續傳燈錄』卷27(『大正藏』51, 653쪽. 상24.):「又問僧云. 道不用修, 但莫染污, 如
何是, 不染污底道. 僧云. 某甲不敢道. 師曰. 爾爲什麼不敢道. 僧云. 恐染污. 師高
聲叫曰. 行者將糞箕掃箒來. 僧茫然. 師便打出.」
『建中靖國續燈錄』卷8(『卍續藏』78, 690쪽. 중3.):「僧曰. 如何是第一句. 師云. 垂
手過膝. 僧曰. 如何是第二句. 師云. 萬里崖州. 僧曰. 如何是第三句. 師云. 糞箕掃
箒.」
484) 상신실명(喪身失命): 중생심의 목숨을 모두 버리는 것이고 즉 불심(佛心)이
살아나게 하는 것이므로 돈오(頓悟)
『景德傳燈錄』卷13(『大正藏』51, 304쪽. 중6.):「僧曰. 未審怎麼生下手. 師曰. 適來
幾合喪身失命.」
『景德傳燈錄』卷12(『大正藏』51, 291쪽. 상5.):「師上堂云. 大衆夫爲法者, 不避喪身
失命.」
『景德傳燈錄』卷13(『大正藏』51, 284쪽. 중22.):「忽有人問, 如何是西來意, 若開口
答, 卽喪身失命, 若不答, 又違他所問.」

제 이구(二句)는 미개구착(未開口錯, 입을 열기도 전에 어긋난다)이다.

※ 제이구(二句)에서 자각하려면 입을 열기도 전에 어긋나므로 언어문자와 사량분별을 초월해야 하는 것으로 『임제록』에 의하면 '문수의 근본지에서는 무착의 질문도 어찌 용납할 수 있겠는가 만은 방편(漚和)으로 망념의 중생을 교화하는 것까지도 어찌 모순이라고 할 수 있겠는가?' 라고 하고 있다.

제 삼구(三句)는 분기소추(糞箕掃箒, 쓰레받기와 빗자루)이다.

※ 삼구(三句)에서 자각하는 것을 쓰레기 치우는 도구라고 하는 것은 자기 자신도 구제하지 못한다고 말하는 것이다. 이것은 언어문자로 자각하는 것을 경계하는 것으로 인형을 조종하는 사람을 관하라고 하는 것이므로 방편을 어떻게 사용하는지 관조해야 한다.

92. 삼요(三要)

三要; 一要, 照卽(卽)大機.[485] 二要, 照卽大用.[486] 三要, 照用同時.[487]

삼요(三要); 첫째 요지(要旨)는 관조(觀照)하는 것이 바로 대기(大機)이다.

둘째 요지(要旨)는 관조(觀照)하는 것이 대용(大用)이다.

셋째 요지(要旨)는 조용(照用)이 동시(同時)이다.

---

485) 대기(大機) : 관조(觀照)하는 것이 진여와 계합하는 일행삼매의 본체라는 것.

486) 대용(大用) : 관조(觀照)하는 것이 대용(大用)이라는 것은 진여의 지혜가 작용하는 것을 말함.

487) 『景德傳燈錄』卷13(『大正藏』51, 305쪽. 상19.):「先照後用, 且要共爾商量. 先用後照, 爾也須是, 箇人始得. 照用同時, 爾作麼生當抵. 照用不同時, 爾又作麼生湊泊.」

『五家宗旨纂要』卷1(『卍續藏』65, 259쪽. 하3.):「如何是照用同時. 三山來云. 無二無別.」

『五家宗旨纂要』卷1(『卍續藏』65, 259쪽. 하13.):「如何是照用不同時. 三山來云. 或東或西.」

조용(照用)동시(同時)라는 것은 공(空)과 불공(不空), 체용(體用), 대기대용은 동시에 작용하는 것이다.

93. 삼현(三玄)488)

三玄; 體中玄, 三世一念等. 句中玄, 徑截言句等. 玄中玄, 良久
棒喝等.

삼현(三玄); 체중현(體中玄)은 삼세(三世)가 일념(一念) 등이다.
구중현(句中玄)은 언구(言句)를 초월한 것이다.
현중현(玄中玄)은 양구(良久)489)와 방망이와 할(喝) 등이다.

※ 체중현은 깨달음의 본체에 적중해야 현지(玄旨)가 작용하는 것이
고, 구중현(句中玄)은 언어문자를 초월하여야 현지(玄旨)가 작
용하는 것이고, 현중현(玄中玄)은 용중현(用中玄)이라고도 하
며 지금 행하고 있는 것에서 현지가 작용하는 것이다.

---

488) 삼현(三玄) : 『圓悟佛果禪師語錄』卷7(『大正藏』47, 744쪽. 중14.)
  『宏智禪師廣錄』卷5(『大正藏』48, 65쪽. 하24.)
  『金剛經註解鐵鋑錎』卷2(『卍續藏』24, 866쪽. 상10.):「體中玄者, 函葢乾坤句. 句中
  玄者, 隨皮逐良句. 玄中玄者, 截斷眾流句. 又云. 得意忘言意中玄, 一句明明體中
  玄, 九月菊花句中玄.」
  ※ 체중현(體中玄)은 본체에 현지(玄旨)가 작용하는 것. 현중현(玄中玄)은 용중현(用
  中玄)이라고도 하며 지금 행하고 있는 것에 현지가 작용하는 것. 구중현(句中玄)은
  언어문자를 초월하여야 현지(玄旨)가 작용하는 것.
489) 양구(良久) : 한참 말이 없이 침묵하고 있는 것으로 할(喝), 방(棒)과 같은 의미로서
  사량 분별을 초월하게 하는 것.

94. 사료간(四料揀)490)

四料揀(棟); 奪人不奪境, 待下根. 奪境不奪人, 待中根. 人境兩
俱奪, 待上根. 人境俱不奪, 待出格人.

사료간(四料揀); 사람을 빼앗고 경계를 빼앗지 않는 것은 하근기
의 사람들을 제접(提接)하는 법이다.

경계를 빼앗고 사람을 빼앗지 않는 것은 중근기의 사람들을
제접(提接)하는 법이다.

사람과 경계를 함께 빼앗는 것은 상근기의 사람들을 제접(提接)

---

490) 사료간(四料揀) : 『鎭州臨濟慧照禪師語錄』卷1(『大正藏』47, 497쪽. 상22.) : 「師晚
參示衆云. 有時奪人不奪境, 有時奪境不奪人, 有時人境俱奪, 有時人境俱不奪. 時
有僧問. 如何是奪人不奪境. 師云. 煦日發生鋪地錦, 瓔(嬰)孩垂髮白如絲. 僧云.
如何是奪境不奪人. 師云. 王令已行天下遍, 將軍塞外絶烟塵. 僧云. 如何是人境兩
俱奪. 師云. 幷汾絶信獨處一方. 僧云. 如何是人境俱不奪. 師云. 王登寶殿野老謳
歌.」(임제스님이 만참(晚參)에 대중에게 법문하였다. 나는 어느 때에는 인혹을
빼앗지만, 경혹은 빼앗지 않고, 어느 때에는 경혹을 빼앗지만 인혹을 빼앗지
않으며, 어느 때에는 인혹과 경혹을 모두 다 빼앗고, 어느 때에는 인혹과 경혹을
모두 다 빼앗지 않는다. 그때 어느 스님이 질문했다. 인혹을 빼앗고 경혹을 빼앗지
않는 것은 어떤 경지 입니까? 대답했다. 지혜로 은혜를 베푸니 대지에는 비단을
펼친 것 같고, 망념이 없는 아기의 머리숱이 하얀 실과 같은 노파이다. 스님이
질문했다. 경혹을 빼앗아 버리고 인혹을 빼앗지 않는 것은 어떤 경지입니까?
대답했다. 심왕의 명령이 이미 천하에 두루 행하여지니 장군도 변방 밖에 소식을
전하는 연기를 피우지 않는다. 스님이 질문했다. 인혹과 경혹을 모두 빼앗는
것은 어떤 경지 입니까? 대답했다. 幷州와 汾州는 신의를 단절하고는 한 지방에서
독립하여 독자적인 지혜로 생활하는 것이다. 스님이 질문했다. 인혹과 경혹을
모두 빼앗지 않는 것은 어떤 경지 입니까? 스님이 대답했다. 심왕(心王)이 자신의
보전(寶殿)에 오르니 육근(野老)이 태평가를 부르네.)
『圓悟佛果禪師語錄』卷9(『大正藏』47, 754쪽. 중4.) : 「進云. 如何是奪人不奪境. 師
云. 山僧有眼不曾見. 進云. 如何是奪境不奪人. 師云. 闍黎問得自然親. 進云. 如何
是人境俱奪. 師云. 收. 進云. 如何是人境俱不奪. 師云. 放.」
※ 인(人)은 진여(眞如)의 본체. 본래인인 자신의 본체. 인혹(人惑). 경(境)은 객관(客
觀)인 대상경계를 말하는 것으로 즉 의식의 대상경계인 중생심. 경혹(境惑).

하는 법이다.

사람과 경계를 모두 빼앗지 않는 것은 격외의 사람들을 제접(提接)하는 법이다.

※『임제록』에 의하면 : 「山僧此間, 作三種根器斷. 如中下根器來,
我便奪其境, 而不除其法. 或中上根器來, 我便境法俱奪. 如上
上根器來, 我便境法人俱不奪. 如有出格見解人來, 山僧此間,
便全體作用不歷根器.」491)라고 근기에 따라 구분하였는데『임
제록』에서 근기를 구분한 것과『선가귀감』에서 근기를 구분한
것은 약간의 차이가 있다.

---

491)『鎭州臨濟慧照禪師語錄』卷1(『大正藏』47, 501쪽. 중3.) (산승의 이곳에서는 그들
을 근기(根器)를 세 종류로 구분하여 제도하는데 만약 중하의 근기의 사람이
오면, 나는 바로 그의 경계를 빼앗고 그의 법(法)은 제거하지 않는다. 만약
중상(中上)의 근기의 사람이 찾아오면 나는 바로 그의 경계와 법(法)을 모두
빼앗는다. 만약 상상의 근기의 사람이 찾아오면, 나는 바로 경계와 법(法), 사람을
아무것도 빼앗지 않는다. 만약 격외의 근기를 가진 사람이 오면 나는 바로 온
몸 전체의 작용으로 제도한다.)

95. 사빈주(四賓主)[492]

四賓主; 賓中賓, 學人無鼻孔, 有問有答. 賓中主, 學人有鼻孔, 有主有法. 主中賓, 師家無鼻孔, 有問在. 主中主, 師家有鼻孔, 不妨奇特.

사빈주; 빈중빈(賓中賓)은 수행자가 본래면목을 모르는 것으로 물음이 있으니 대답이 있게 되는 것이다.

빈중주(賓中主)는 수행자가 본래면목을 아는 것이므로 자기의 주인도 있고 법도 있는 것이다.

주중빈(主中賓)은 스승이 본래면목을 모르는 것이므로 묻는 것만 있는 것이다.

주중주(主中主)는 스승이 본래면목을 아는 것으로 기특사(奇特事)도 방해하지 못하는 것이다.

---

492) 사빈주(四賓主) : 『人天眼目』卷2(『大正藏』48, 311쪽. 중16.) 「四賓主者, 師家有鼻孔, 名主中主. 學人有鼻孔, 名賓中主. 師家無鼻孔, 名主中賓. 學人無鼻孔, 名賓中賓. 與曹洞賓主不同.」

96. 사조용(四照用)493)

四照用; 先照後用, 有人在. 先用後照, 有法在. 照用同時, 驅耕
奪食. 照用不同時, 有問有答.

사조용(四照用); 먼저 수행자가 자신을 관조(觀照)하게 하고
이후에 그의 근기에 따라 지혜를 작용하게 하는 것은 사람이 존재하
는 것이다.
　먼저 지혜의 작용을 보여주고 이후에 자신을 관조(觀照)하게
하는 것은 법(法)이 존재하는 것이다.
　관조와 작용(照用)을 동시에 보여주는 것은 밭을 가는 농부의
소를 빼앗고 주린 사람의 밥을 빼앗는 것이다.

※ 번뇌 망념의 사량 분별을 근본적으로 못하게 하는 것.

　관조와 작용(照用)을 동시에 보여 주지 않는 것은 묻기도 하고

---

493) 사조용(四照用) :『景德傳燈錄』卷13(『大正藏』51, 305쪽. 상19.):「先照後用, 且要
　共爾商量. 先用後照, 爾也須是箇人始得. 照用同時, 爾作麼生當抵. 照用不同時,
　爾又作麼生湊泊.」
　『法演禪師語錄』卷1(『大正藏』47, 655쪽. 중27.):「上堂, 僧問. 如何是先照後用. 師
　云. 王言如絲. 學云. 如何是先用後照. 師云. 其出如綸. 學云. 如何是照用同時.
　師云. 擧起軒轅鑑, 蚩尤頓失威. 學云. 如何是照用不同時. 師云. 金將火試.」
　『人天眼目』卷1(『大正藏』48, 304쪽. 상12.):「先照後用, 有人在. 先用後照, 有法在.
　照用同時, 驅耕夫之牛, 奪饑人之食. 敲骨取髓, 痛下針錐. 照用不同時, 有問有答,
　立主立賓, 合水和泥, 應機接物.」
　『宗門玄鑑圖』卷1(『卍續藏』63, 748쪽. 상4.)
　※ 관조(觀照)는 수행자를 보는 진여지혜의 작용(作用). 용(用)은 수행자를 교화하는
　방편의 지혜작용.

대답도 하면서 수행자의 근기에 따라 지혜가 작용하게 하는 것이다.

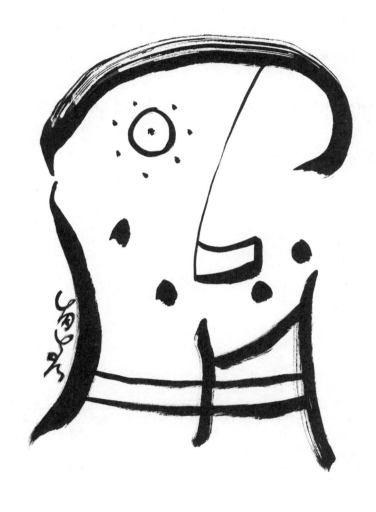

〔照用〕

97. 사대식(四大式, 正利平常本分貢假)

四大式[494]; 正利, 少林面壁類.[495] 平常, 禾山打鼓類.[496] 本分, 山僧不會類.[497] 貢(眞)假, 達磨不識類.[498]

사대식(四大式); 정리(正利)는 소림굴에서 면벽하고 있는 것이다.

평상(平常)은 화산의 북을 치는 것이다.

본분(本分)은 산승이 대상으로 알지 않는 것이다.

진가(眞假, 貢假)는 달마대사가 복덕을 의식의 대상으로 알지 않는다고 한 말들이다.

---

494) 『宗門玄鑑圖』卷1(『卍續藏』63, 748쪽. 상19.):「四大式論. 問曰. 三玄三要之外, 更有何法示徒 答曰. 有四大式. 第一正利大式, 如初祖在少林等是也. 第二平等大式, 如禾山打鼓是也. 第三眞假大式, 通取前二式是也. 第四本分大式, 如初祖見, 梁武帝時云, 不識是也.」

495) 『圓悟佛果禪師語錄』卷14(『大正藏』47, 777쪽. 중3.):「少林面壁, 全提正宗.」

496) 화산해타고(禾山解打鼓) : 『佛果圜悟禪師碧巖錄』卷5(『大正藏』48, 181쪽. 상14.):「又問. 如何是眞諦. 山云. 解打鼓. 眞諦更不立一法. 若是俗諦, 萬物俱備, 眞俗無二, 是聖諦第一義.」
『佛果圜悟禪師碧巖錄』卷5(『大正藏』48, 181쪽. 상17.):「如何是非心非佛. 山云. 解打鼓. 卽心卽佛卽易求, 若到非心非佛卽難.」

497) 산승불회(山僧不會) : 산승은 불법(佛法)을 대상으로 알고 있지 않다.

498) 달마를 대상으로 알지 않는다는 것은 불법(佛法)을 대상으로 알지 않는다는 것으로 의식의 대상경계와 하나 되는 경계지성을 말한다.

98. 사할(四喝)[499]

四喝; 金剛王寶劍(釰), 一刀揮斷, 一切情解. 踞地獅子, 發言吐
氣, 衆魔腦烈(裂). 探竿影草,[500] 探其有無, 師承鼻孔. 一喝, 不作
一喝用, 具上三玄, 四賓主等.

사할(四喝); 금강왕보검과 같은 할(喝)은 진여지혜의 살인도로
서 일체의 번뇌 망념을 끊게 한다.

거지사자(踞地獅子)와 같은 할(喝)은 말을 하거나 입김만 내쏘아
도 모든 마군의 뇌(腦, 정신, 마음, 망심)를 파괴한다.

탐간영초(探竿影草)와 같은 할(喝)은 스승으로부터 계승한 본래
면목의 유무(有無)를 찾게 하여서 교화하는 것이다.

또 한 할(喝)은 할(喝)로 작용하지 않는 할(喝)로서 위에 말한
삼현(三玄)과 사빈주(四賓主) 등을 구족하고 있다.

---

499) 『鎭州臨濟慧照禪師語錄』卷1(『大正藏』47, 504쪽. 상26.):「師問僧. 有時一喝, 如
金剛王寶劍. 有時一喝, 如踞地金毛師子. 有時一喝, 如探竿影草. 有時一喝, 不作
一喝用. 汝作麽生會. 僧擬議, 師便喝.」
『人天眼目』卷1(『大正藏』48, 302쪽. 하3.)
500) 탐간영초(探竿影草) : 어부가 고기를 잡을 때에 먼저 물이 깊고 얕음을 알아보고
막대기를 사용하여 고기를 유인하는 도구인데 도인들도 법을 문답할 때에 상대편
을 여러 가지 방법으로써 시험하고 유인하는 것.

99. 팔방(八棒)

八棒; 觸令返玄, 接掃從正, 靠玄復(傷)正, 苦責罰棒, 順宗旨賞棒, 有虛(虚)實辨棒, 盲枷瞎棒, 掃除凡聖正棒. 此等法非特 臨濟宗風, 上自諸佛, 下至衆生, 皆分上事. 若離此說法, 皆是妄語.

팔방(八棒); 촉령반현방(觸令返玄棒), 접소종정방(接掃從正棒), 고현상정방(靠玄復(傷)正棒), 고책벌방(苦責罰棒), 순종지상방(順宗旨賞棒), 유허실변방(有虛(虚)實辨棒), 맹가할방(盲枷瞎棒), 소제범성정방(掃除凡聖正棒)이 팔방(八棒)501)이다.

---

501) 『五家宗旨纂要』卷1(『卍續藏』65, 260쪽. 중4.) 濟宗八棒　一 . 觸令支玄棒. 三山來云. 如宗師置下一令, 學人不知廻避, 觸犯當頭, 支離玄旨, 宗師便打. 此是罰棒. 二 . 接機從正棒. 三山來云. 如宗師應接學人, 順其來機, 當打而打, 謂之從正. 此不在賞罰之類. 三 . 靠玄傷正棒. 三山來云. 如學人來見, 宗師專務奇特造作, 倚靠玄妙, 反傷正理, 宗師直下便打, 不肯放過. 此亦是罰棒. 四 . 印順宗旨棒. 三山來云. 如學人相見, 宗師拈示宗旨, 彼能領會, 答得相應, 宗師便打, 此是印證來機 名為賞棒. 五 . 取驗虛實棒. 三山來云. 如學人纔到, 宗師便打, 或進有語句, 宗師亦打. 此是辨驗學人虛實, 看他有見無見, 亦不在賞罰之類. 六 . 盲枷瞎棒. 三山來云. 如宗師接待學人, 不辨學人來機, 一味亂打, 眼裏無珠, 謂之盲瞎. 此師家之過, 不干學人事. 七 . 苦責愚癡棒. 三山來云. 如學人於此事不曾分曉, 其資質見地十分癡愚, 不堪策進, 宗師勉强打他. 是謂苦責愚癡, 亦不在賞罰之類. 八 . 埽除凡聖棒. 三山來云. 如宗師家接待往來, 不落廉纖, 不容擬議, 將彼凡情聖解一並埽除. 道得也打, 道不得也打, 道得道不得也打. 直令學人斷却命根, 不存枝葉, 乃上上提持. 八棒中之用得最妙者, 此則名為正棒.」(삼산등래가 말하기를, 종사가 불법을 내려 가르칠 때에 사용하는 봉(棒)으로 학인이 알지 못하고 회피하며 가르침을 범하고 현지(玄旨)를 벗어날 때에 종사께서 때리는 것이며 이것은 벌로 주는 가르침이다. 종사가 학인을 제접할 때에 사용하는 봉(棒)으로 근기에 따라 때려서 제접하는 것으로 모두를 바르게 하는 것이며 이것은 상벌에 속하지 않는다. 만약에 학인이 친견(親見)하기 위하여 오면 종사는 오로지 기특(奇特, 특별히, 상식적인 사고를 벗어난 것)하게 조작하여 제접하면 현묘(玄妙)한 조작에 의지하다가 바른 도리를 위배하게 되면 종사가 바로 때려서 제접하는 것으로 허물을 용서하지 않는 것이니 이것은 벌로서 맞는 봉(棒)이다. 학인과 상견(相見)할

이와 같은 법들은 특별하게 임제종의 가풍만이 되는 것이 아니고, 위로는 제불(諸佛)에서부터 아래로는 중생에게 이르기까지 모두 다 구족된 분상(分上)의 일대사이다.

만약 이것을 벗어난 설법은 모두 망어(妄語)이다.

때에 종사가 종지(宗旨)를 제시하면 학인이 그 요점을 알고 그에 상응하는 대답을 하면 종사가 때리는 것인데 이것은 근기에 따라 인가증명하는 것이므로 상으로 주는 봉(棒)이다. 학인이 도착하자마자 종사가 바로 때리는 것과 혹은 무슨 말을 하려고 하면 종사가 역시 때리는 것인데 이것은 학인의 허와 실을 점검하기 위한 것으로 그에게 불법에 대한 견해가 있는지 없는지를 알아보기 위한 것이니 이것은 상벌에 속하는 것은 아니다. 종사가 학인을 접대할 때에 학인의 근기를 판단하지 않고 무조건 때리는 것으로 불법의 안목이 없는 것이니 이것은 스승에게 허물이 있는 것이므로 이것은 학인의 수행과는 무관하다. 만약에 학인이 차사(此事)를 조금도 알지 못하면 그의 자질과 견지가 아주 우치하여 채찍질에도 나아가지 못하고 감당하지 못하면 종사가 그를 강제로 나아가게 때리는 것인데 고책우치방(棒)이라고 하고 역시 이것은 상벌에 속하지 않는다. 종사가 학인을 제접하면서 조금의 망념도 허용하지 않고 범성의 견해를 모두 제거하게 하는 것으로 말을 해도 때리고 말을 하지 않아도 때리는 것으로 말을 하든지 안하든지 때리는 것으로서 학인으로 하여금 조금의 중생심도 단절하게 하여 미세한 망념도 가지지 않게 하는 것으로 상상의 근기로 제접하는 것이니 팔봉(八棒)중에서 최고로 미묘하게 작용하는 것이며 이것을 바른 봉(棒)이라고 한다.)

『宗門玄鑑圖』卷1(『卍續藏』63, 748쪽. 중2.)

100. 무생법(無生法)

臨濟喝, 德山棒, 皆徹證無生.[502] 透頂透底, 大機大用, 自在無方. 全身出沒, 全身擔荷,[503] 退守文殊普賢, 大人境界. 然據實而論, 此二師, 亦不免偸心鬼子.

임제(臨濟)의 할(喝)과 덕산(德山)의 방망이(棒)는 모두 무생법(無生法)을 철저하게 증득하게 하는 것이다.

정상(머리)에서 근본(발끝)까지 투철하게 체득하여 대기대용(진여의 지혜로 생활)하게 되면 어디에서나 자유자재하게 된다.

진여의 지혜를 전신(全身)으로 자유자재하게 사용하고 전신(全身)으로 감당하면 문수, 보현, 대인(大人)의 경계로 돌아가 불법(佛法)을 수호(守護)하게 된다.

사실대로 논하자면(據實而論) 임제와 덕산 이 두 스승도 또한 마음을 탐하는(偸心) 늙은이(鬼子)를 면하지 못한다.

【해解】

凜凜吹毛, 不犯鋒鋩.

늠름(凜凜)한 취모검(吹毛劍)이니,

---

502) 무생(無生) : 번뇌망념이 없는 것.
503) 담하(擔荷) : 감내(堪耐) 인욕과 같은 의미로 감당하다. 감내하다. 인내하다.
   (부처의 지혜가 작용하면) 깨달음의 경지를 모두 다 감당한다.

칼끝(鋒鋩)도 범(犯)하지 않아야 하네.

爍爍寒光珠媚水, 寥寥雲散月行天.

　반짝이며 서릿발에 비치는 것과 같은 지혜의 빛이 마니보주의
물방울에 비치는 것과 같아야 하니,
　망념의 구름이 흩어진 적막한 밤하늘에 달(본래심)이 가네.

※ 지혜는 망념이 없어야 하므로 서릿발에 비치는 빛을 비유한
　것이고 의식의 마니보주는 망념이 없는 지혜이므로 풀잎에 맺힌
　물방울에 비유한 것.
※ 진여의 지혜로 생활하는 것을 경계지성에 비유한 것.

101. 대장부(大丈夫)

大丈夫, 見佛見祖如冤家. 若著佛求, 被佛縛. 若著祖求, 被祖縛.
有求皆苦, 不如無事.

대장부(大丈夫)는 부처를 보려고 하고 조사를 보려고 하면 원수
(冤家)를 보듯이 해야 한다.

만약 부처를 구(求)하려고 집착하면 부처에 속박(束縛)된다.

만약 조사(祖師)를 구(求)하려고 집착하면 조사에게 속박(束縛)
된다.

구(求)하는 것이 있으면 모두 고(苦)이니 망념이 없는 무사(無事)
한 것보다 못하다.

【해解】

佛祖如冤者, 結上無風起浪也. 有求皆苦者, 結上當體便是也.
不如無事者, 結上動念卽乖也. 到此坐斷,504) 天下人舌頭, 生死迅
輪, 庶幾停息也. 扶危定亂, 如丹霞燒木佛,505) 雲門喫狗子,506)

---

504) 좌단(坐斷) : 제압하다. 고정관념을 단절하다.
505) 단하소목불(丹霞燒木佛) : 『조당집』4 「단하천연(丹霞天然 739-824)」(『고려장』
45, 259쪽. 중.)"後於惠林寺遇天寒 焚木佛以禦欠 主人或譏 師曰 '吾茶毘覓舍利'
主人曰 '木頭有何也' 師曰 '若然者 何責我乎' 主人亦向前 眉毛一時墮落 有人問眞
覺大師 '丹霞燒木佛 上座有何過' 大師云 '上座只見佛 進曰 '丹霞又如何' 大師云
'丹霞燒木頭.'"(그 후에 혜림사에서 추운 날씨를 만나 목불을 태워 추위를 막는데
주인이 미혹하여 꾸짖으니 단하선사께서 말했다. '내가 다비(茶毘)를 해서 사리
(舍利)를 구하려고 했습니다.' 주인이 대답했다. '나무토막에 무슨 사리가 있겠습

老母不見佛,507) 皆是摧邪顯正底手段. 然畢竟如何.

　　부처와 조사를 원수와 같이하라는 것은 앞부분(2단)의 무풍기랑
(無風起浪)508)(망념의 바람이 없으면 지혜의 물결이 일어난다)을
결론 맺는 것이다.
　　구하는 것이 있으면 모두 고(苦)라고 한 것은 앞부분(4단)의
당체변시(當體便是, 당체(當體)가 바로 여시(如是)한 것)509)를 결
론 맺는 것이다.
　　무사(無事)한 것만 못하다고 한 것은 동념즉괴(動念卽乖, 망념이
일어나면 곧 어긋나는 것. 의심즉차)를 결론 맺는 것이다.

니까?' 단하선사께서 물었다. '만약에 그렇다면 나를 왜 책망합니까?' 주인은
이로 인해 역시 눈썹(眉毛: 본래면목. 자신이 소중히 여기며 집착하는 것)이
일시에 빠졌다. ※(부처의 소견에 떨어진 것을 타파한 선문답)※ 어떤 사람이
진각대사에게 물었다. '단하선사가 목불(木佛)을 태웠는데 상좌(행자, 주인)는
무슨 허물이 있습니까?' 진각대사가 대답했다. '상좌는 단지 부처의 소견에 떨어진
것이다.' 다시 물었다. '단하선사는 또 어떻습니까?' 진각대사가 대답했다. '단하선
사는 나무토막만 태운 것이다.'(무심의 경지인 몰종적이다.) 향외치구를 경책하는
방편임.

506) 운문끽구자(雲門喫狗子) :『雲門匡眞禪師廣錄』卷2(『大正藏』47, 560쪽. 중16.):
　　「擧世尊初生下, 一手指天, 一手指地, 周行七步, 目顧四方云. 天上天下唯我獨尊.
　　師云. 我當時若見, 一棒打殺, 與狗子喫却, 貴圖天下太平.」

507) 노모부견불(老母不見佛) :『五燈會元』卷1:(『卍續藏』80, 30쪽. 하19.)「城東有一
　　老母, 與佛同生 而不欲見佛. 每見佛來, 卽便回避, 雖然如此, 回顧東西, 總皆是佛.
　　遂以手掩面, 於十指掌中, 亦總是佛.」(성의 동쪽에 한 노모가 있었는데 부처도
　　사람으로 태어나는 것이므로 부처를 안 보려고 하니 보는데 부처가 오는 것이
　　보이고 회피해도 이와 같고 동서로 머리를 돌려도 모두 부처가 보였다. 그래서
　　손으로 얼굴을 가렸는데 열 손가락 끝마다 역시 부처가 오는 것이 나타났다.)
　　부처가 나타나는 까닭은 노모가 모든 집착을 벗어났기 때문이다.

508) 불조출세(佛祖出世), 무풍기랑(無風起浪).(부처와 조사(祖師)가 출세(出世)하신
　　것은 마치 망념(妄念)의 바람이 불지 않으므로 지혜작용의 물결을 일으키는 것이
　　다.)

509) 4단 ; 當體便是, 動念卽乖.(일물(一物) 그 당체(當體)가 바로 여시(如是)한 것이니
　　망념이 살아나면(動) 바로 어긋나는 것이다.)

이 경지에 도달하면 천하인의 구설수를 마음대로 차단하여 빠른 생사윤회를 제도하여 멈추게 한다.

부위정란(扶危定亂, 망념에 떨어진 이를 도와서 산란한 마음을 선정(禪定)을 체득하게 하는 것.)은 단하(丹霞天然, 739~824)선사가 나무로 만든 부처를 태운 것과 운문(雲門文偃, ?~949)이 개에게 주겠다고 한 것, 그리고 노모가 부처를 보지 않겠다고 한 것과 같은 것이 모두 삿된 것을 제거하여(摧) 정법(正法)이 나타나게 하는 근본적인 수단이다.

그렇게 하면 필경(畢竟)에는 어떻게 되겠는가?

常憶江南三月裏, 鷓鴣啼處百花香510)

항상 강남의 삼월에 생각하니(憶),
자고새(鷓鴣) 우는 곳에는 온갖 꽃의 향기가 있네.

510) 『大慧普覺禪師語錄』卷15(『大正藏』47, 876쪽. 하24.):「有問. 語默步離微, 如何通不犯. 則曰. 長憶江南三月裏, 鷓鴣啼處百華香.」
     『無門關』卷1(『大正藏』48, 296쪽. 상12.):「離却語言; 風穴和尙, 因僧問. 語默步離微, 如何通不犯. 穴云. 長憶江南三月裏, 鷓鴣啼處百花香.」
     『人天眼目』卷1(『大正藏』48, 306쪽. 하1.):「由來十智本同眞, 語直心精妙入神. 長憶江南三月裏, 春風微動水生鱗.」
     『五燈全書(卷34-120)』卷44(『卍續藏』82, 109쪽. 중5.):「問語默涉離微, 如何通不犯. 師曰. 橫身三界外, 獨脫萬機前. 曰祇如風穴道. 長憶江南三月裏, 鷓鴣啼處百花香.」

〔大丈夫〕

102. 입차문래(入此門來), 막존지해(莫存知解)

神光不昧, 萬古徽猷. 入此門來, 莫存知解.

신령한 지혜로 생활하는 것은 우매하지 않고,
영원토록(萬古) 훌륭한 방법이네.(徽猷)
이 깨달음의 문(門)에 들어오면,
알음알이가 없어야 하네.

※ 知解, 알음알이, 지견해회(知見解會)의 준말.

【해解】

神光不昧者, 結上昭昭靈靈[511]也. 萬古徽猷者, 結上本不生滅
也. 莫存知解者, 結上不可守, 名生解也. 門者, 有凡聖出入義, 如
荷澤所謂, 知之一字, 衆妙之門也. 吁! 起於名狀不得, 結於莫存知
解, 一篇葛藤, 一句都破也. 然始終一解,[512] 中擧萬行, 如世典之
三義[513]也. 知解二字, 佛法之大害故, 特擧而終之. 荷澤神會禪

---

511) 소소영령(昭昭靈靈) :『鎭州臨濟慧照禪師語錄』卷1(『大正藏』47, 502쪽. 중11.):
「還是爾目前, 昭昭靈靈鑒, 覺聞知照燭底, 安一切名句.」지금 분명하게 지금 이곳
에 항상 나타나 작용하고 있는(昭昭) 신령한 지혜작용.

512) 일해(一解) : 일해탈문. 일물(一物) 또는 차사(此事).

513) 世典之三義『紫竹林顯愚衡和尙語錄』卷15(『가흥장』28, 736쪽. 하6.):「其書始言
一理, 中散爲萬事, 末復合爲一理, 放之則彌六合, 卷之則退藏於密. 其味無窮皆實
學也.」

師, 不得爲曹溪嫡子者, 以此也. 因而, 頌曰, 如斯擧唱明宗旨, 笑
殺西來碧眼僧. 然畢竟如何. 咄! 孤輪獨照江山靜, 自笑一聲天地
驚.

　신령한 지혜로 생활하는 것이 우매하지 않다는 것은 앞부분(1단)
의 소소영령(昭昭靈靈, 지금까지 분명하게 지금 이곳에 항상 나타
나 있는(昭昭) 신령한 것)을 결론 맺는 것이다.

　영원토록(萬古) 훌륭한 방법이라는 것은 앞부분(1단)[514]의 일찍
이 나지도 없어지지도 않는 불생불멸(不生不滅)을 결론 맺는 것이
다.

　알음알이가 없어야 한다는 것은 앞부분(4단)의 그 이름을 고수
(固守)하며 차별분별을 내서는 안 되는 것으로 결론을 맺는 것이다.

　문(門)이라는 것은 범부와 성자가 모두 출입한다는 뜻으로 하택
신회(荷澤神會, 685~760)가 말한 '지(知)라는 한 글자(字)가 모든
미묘한 지혜가 문이다.' 라고 한 것과 같다.

　아! 이름을 붙일 수도 없고, 모양으로 나타낼 수도 없는 것에서
시작하여(起) 알음알이가 없어야 하는 것으로 종결(終結)하는 것은
한 편(篇)의 갈등(葛藤)을 일구(一句)로 모두 타파하는 것이다.

　그리하여 처음과 끝은 일해탈문을 설(說)하고 중간에는 만행(萬
行)을 들어(擧) 설(說)한 것은 세상에서 서적(世典)을 만드는 삼의
(三義, 세 가지 방법)는 같다는 것을 말한다.

　지(知)와 해(解)라는 두 글자는 불법(佛法)의 가르침에 큰 장애

---

514) (1단) : 不曾生不曾滅 名不得狀不得(일찍이 나지도 없어지지도 않는 불생불멸(不
　　生不滅)이므로, 이름을 붙일 수도 없고, 모양으로 나타낼 수도 없는 것이어서
　　일물(一物, 여래, 진여)이라 하였다.)

(障碍)가 되기 때문에 특별히 확실하게 들어(擧) 이것을 종결 짓는 것이다.

하택신회(荷澤神會)선사가 조계(曹溪)의 적자(嫡子)가 되지 못한 것은 이것 지해(知解)때문이다.

이것 때문에 게송으로 말하기를, '이와 같이 정확하게 들어(擧) 종지(宗旨)를 주창(主唱)하면, 서쪽에서 오신 달마대사께서 크게 웃었을 것(笑殺)이네.' 라고 하였다.

그러니 필경(畢竟)에는 어찌하겠는가?

돌(咄, 아)! 번뇌 망념이 없는 지혜의 달(孤輪)은 독자적인 진여의 지혜로 강과 산을 비추니 적정(寂靜)하고, 스스로 크게 웃는 웃음소리에 천지가 놀란 것이네.515)

※ 외로운 달이라는 것은 독자적인 진여 지혜의 생활을 산하와 같이 무정물을 대하듯이 하는 것이다. 즉 몰종적의 삶을 살아가야 하는 것에 대한 봉림화상과 하는 선문답.

---

515) 『鎭州臨濟慧照禪師語錄』卷1(『大正藏』47, 506쪽. 중13.)
　　『楞嚴經宗通』卷8(『卍續藏』16, 906쪽. 중12.):「濟云. 孤輪獨照江山靜, 長嘯一聲天地秋.」
　　『古尊宿語錄』卷5(『卍續藏』68, 33쪽. 하17.):「師云. 孤輪獨照工山靜, 自笑一聲天地驚.」

跋文516)

右編乃曹溪老和尚, 退隱師翁所著也. 噫, 二百年來, 師法益喪, 禪教之徒, 各生異見. 宗教者, 唯耽糟粕, 徒自簁沙, 不知五教之上, 有直指人心, 使自悟入之門. 宗禪者, 自恃(特)517)天眞, 撥無修證, 不知頓悟後, 始卽發心, 修習万行之意. 禪教混溢(濫), 沙金罔分. 圓覺所謂聞說, 本來成佛, 謂本無迷悟, 撥置因果, 則便成邪見. 又聞修習無明, 謂眞能生妄, 失眞常性, 則亦成邪見者, 是也, 嗚呼殆哉.

斯道(之)518)不傳, 何若是其甚也. 綿綿涓涓, 如一髮引千鈞, 幾乎落地無從矣. 賴我師翁, 住西山一十年, 鞭牛有暇, 覽五十本, 經論語錄. 間有日用中, 參決要切之語句, 則輒錄之, 時與室中, 二三子詢詢然誨之. 一如牧羊之法, 過者抑之, 後者鞭之, 驅入於大覺之門.

老婆心得徹困, 若是其切也, 奈二三子鈍根也, 返以法門之, 高峻爲病. 爲師翁愍其迷蒙, 各就語句下, 入註而解之, 編次而繹之. 鈎鎖連環, 血脉相通, 萬藏之要, 五宗之源, 極備於此, 言言見諦, 句句朝宗, 向之偏者, 圓之, 滯者, 通之, 可謂禪教之龜鑑, 解行之良藥也.

然師翁常, 與論這般事, 雖一言半句, 如弄劍刃上事, 恐上紙黑, 豈欲以此, 流通方外, 誇衒己能也哉.

門人白雲禪子, 魯(普)願寫之, 門人碧泉禪德, 義天校之. 門人大

---

516) 발문(跋文) : 후서(後序)로서 끝에 이 책에 관련된 사항을 간략하게 적은 것.
517) 시(恃)는 불교전서 특(特)은 속장경
518) 불교전서에는 지(之)자가 있음.

禪師淨源, 門人大禪師大常, 門人靑霞, 道人法融等, 稽首再拜曰.
未曾有也. 遂與同志六七人, 傾鉢囊中, 所儲入梓流通, 以報師翁,
訓蒙之恩也.

　大機龍藏, 汪洋渺若淵海, 雖言探龍珠, 采珊瑚者, 孰從而求之.
非入海如陸之手段, 頗不免望涯之嘆. 然則撮要之功, 發蒙之惠,
如山之高, 若海之深. 設若碎萬骨粉千命, 如何報得一毫哉.

　千里之外, 有見之聞之, 不驚不疑, 敬之讀之, 以爲寶玩, 則眞所
謂, 千歲之下, 一子雲耳.

　時, 万(萬)曆,[519] 己卯春(節)

　曹溪宗遂(宗遺)[520] 四溟 隱峰(鍾峰), 惟政 拜手口訣, 因爲謹跋.

---

519) 만력기묘(萬曆己卯) : 만력(萬曆)은 명(明)나라 연호로 만력7년 기묘년(己卯年)은
　　　1579년이다. 조선 선조(宣祖) 12년.
520) 발문의 괄호안은 불교전서.

사명종봉(四溟鍾峰)의 발문(跋文)

이 책에 기록된 것은 조계(曹溪) 노(老)화상(和尙) 퇴은(退隱)조사(師翁, 師匠)께서 저술(著述)하신 것이다.

아!(噫) 200년 동안에 불법(師法)은 더욱 상실(喪失)되고 선(禪)과 교(敎)를 추종하는 무리들이 각각 다른 견해를 내세우고 있다.

교(敎)를 숭상하는 이들은 오직 술 찌꺼기만 탐하여 즐기면서 모두가 스스로 항하사의 모래숫자만 세면서 오교(五敎)의 가르침을 대상으로 알고 직지인심(直指人心)이 있어서 스스로 깨달아 체득해야 한다는 것을 알지 못한다.

선(禪)을 숭상하는 이들은 자신의 천진한 성품만을 특별하다고 믿고는 수증(修證)을 부정(撥無)하고 돈오(頓悟)를 대상으로 알고 돈오(頓悟) 이후에 비로소 계합되어 발심(發心)하여 만행(萬行)을 수습(修習)해야 한다는 뜻을 알지 못한다.

그리하여 선교(禪敎)가 뒤섞이고 넘쳐서 모래와 금을 가리지 못하게 된 것이다.

『원각경』에 설하고 있는 본래성불(本來成佛)이라는 말을 듣고는 근본적으로 미오(迷悟)가 없다고 생각하고는 인과(因果)를 부정(撥置)하는 것이 사견(邪見)이 되었다.

또 오랫동안 수습하여 무명(無明)을 끊는다[521]고 설하는 것을 듣고 진성(眞性)에서 망념(妄念)이 나오는 것이라 하여, 진실하고

---

521) 『大乘止觀法門釋要』卷4(『卍續藏』55, 622쪽. 상13.):「久久修習, 無明妄想習氣盡故, 念卽自息, 名證眞如. 亦無異法來證, 但如息波入水. 卽名此眞如, 爲大寂靜止門. 復以發心, 已來觀門方便, 及以悲願, 熏習力故, 卽於定中, 興起大用. 或從定起. 若念若見, 若心若境, 種種差別, 卽是眞如用義也. 此名從止起觀.」

270

항상하는 불성(佛性)을 잃어버리면 바로 역시 사견(邪見)이 되는 것이 바로 이것으로 아! 위태한 일이다.

이처럼 불법(佛法)을 계승하지 못하는 것이 어찌 이렇게 심할까?

겨우 면면(綿綿)하게 겨우 계승하는 것이 마치 한 올의 머리카락으로써 삼 만근(千鈞, 아주 많은 것, 아주 위태한 것)을 견인(牽引)하는 것과 같아서 심지(心地)가 추락하여 종적을 거의 찾을 수 없게 되었다.

마침 우리 조사(師翁)께서 서산(西山)에 거주(居住)하신지 10년 동안에 학인들을 제접(提接)하는 중에 또 틈틈이 50여 권의 경론과 어록을 열람(閱覽)하셨다.

틈틈이 일상의 수행 생활하는 가운데 참선하는 요체가 되는 어구(語句)를 가려서 곧 기록하여 두시고는 때때로 방장실(方丈室)의 제자들에게 자세하게 가르쳐 주셨다.

마치 양을 기르는 법과 같아서 지나치면 억제시키고 뒤쳐지면 채찍질하여 대각(大覺)의 문(門)으로 채찍질하여 체득하게 하셨다.

노파심으로 애쓰는 것이 이와 같이 간절하였지만 제자들이 미혹하여 도리어 법문(法門)이 높고 어렵다고 하여 병이 되었다.

조사(師翁)스님께서 그 미혹하고 몽매한 이들을 가련하게 여겨 다시 각 구절마다 주석을 달아 해설하여 엮어서 풀어 놓으셨다.

그것을 엮어 고리로 연결(連結)하여 놓으시니 혈맥(血脉)이 서로 상통(相通)하여 대장경의 요지(要旨)와 오종(五宗)의 근원이 모두 여기에 구비(具備)되어져 있어서 말씀마다 진제(眞諦)와 계합되고 구절구절이 종지(宗旨)에 계합하여 향하는 것이 편협 된 이는 원만하게 되고 집착(滯)하는 이는 통(通)하게 되니 가위(可謂) 선교(禪教)의 귀감(龜鑑)이 되고 수행(修行)의 양약(良藥)이 되었다.

그러나 사옹(師翁)께서는 항상 이 일대사를 논하실 때는 일언반구(一言半句)라도 마치 칼 날 위에서 일대사를 하듯이(劍刃上事, 사량분별이 없는 일대사)하시면서 지묵(紙墨, 언어문자)으로 이해하는 것을 걱정하셨는데, 어찌 이와 같이 널리 외부의 세간으로 유통시켜 자신의 능력을 팔아 과시(誇示)하고자 하였겠는가?

문인(門人) 백운선자 보원이 서사(書寫)하고, 문인(門人) 벽천선덕 의천이 교정하였다.

문인(門人) 대선사(大禪師) 정원(淨源)과 문인(門人) 대선사(大禪師) 대상(大常)과 문인(門人) 청하도인 법융(法融) 등이 머리를 숙여 예배하고 말하기를, 일찍이 없었던 희귀한 일이라고 하였다.

그리고 마침내 동지(同志) 예닐곱 인이 더불어 걸망의 재산을 가지고 판각하여 널리 유통시켜, 사옹(師翁)께서 훈몽(訓蒙)하여 주신 은혜에 보답하고자 하였다.

대기(大機)의 용장(龍藏)은 바다처럼 넓고 깊어서 아득한 것이 연해(淵海, 깊은 심해)와 같아서 비록 용의 여의주를 찾고 산호를 채취하는 사람이라고 말하지만 누가(孰) 어떻게 어디에서 구하겠는가?

바다에 들어가기를 육지와 같이 하는 수단이 아니면, 다만 물가에서 바라보며 탄식함을 면치 못하는 것이다.

그러므로 요지(要旨)를 취하여 가려낸 공덕과 미혹을 깨우쳐준 은혜는 높은 산과 같이 높고 바다와 같이 깊다.

설사 천만 번이라도 뼈를 갈아 서사하여 가루가 되는 목숨을 천만 번을 한다고 하여도 어찌 털끝만큼이나 은혜를 갚을 수 있겠는가?

천리 밖에서라도 누군가가 이 책을 듣고 보아서 두려워(驚)하지 않고 의심(疑心)하지 않으면서 공경하고 해독(解讀)하여서 마니보주로 희롱하게 되면 곧 진실로 영원하게 진여의 지혜로 생활하는 최고의 자손이 되는 것이다.

만력(萬曆) 기묘년(1579) 봄에

조계(曹溪)의 후손 사명(四溟)종봉(鍾峰) 유정(惟政)이 구결(口訣)에 절(拜手)하고 삼가 발문을 씁니다.

〔指東畫西〕

【찾아보기 - 가나다순】

서산대사의 마음으로 본 선가귀감(禪家龜鑑)

초판발행 | 2014年 3月 15日
개정판 발행 | 2018年 12月 20日
譯註 | 良志
禪書畵 | 南靑
編輯·發行處 | 남청
경남 김해시 한림면 김해대로1017번길 54 / 055)345-9852
ISBN 979-11-965143-1-0 93220
값 15,000원

농협 351-1037-4373-13 (남청)
전화 010-3856-9852